一看就懂的
理财产品
全攻略 图解版

刘柯◎编著

中国铁道出版社
CHINA RAILWAY PUBLISHING HOUSE

内 容 简 介

本书是一本介绍各类投资理财方式的综合性书籍，全书以产品为主要线索，在介绍不同产品时讲解理财工具的理论知识、获利要点及下单操作，帮助投资者顺利地走进理财市场。

本书共 5 个部分，第一部分主要介绍银行中的理财业务，分别是储蓄理财产品和银行理财产品；第二部分主要介绍一些存在时间较久，但内容丰富的理财工具，包括债券、基金、黄金、期货、外汇、保险及股票；第三部主要介绍一些新颖的理财方式，包括众筹理财、P2P 理财及网络理财产品；第四部分主要介绍利用手机理财的方式；第五部分主要介绍价格分析中的基本面、技术面及理财风险的防范等内容。

本书内容丰富，涵盖了当前理财市场的诸多投资产品，同时以理论+实战结合的方式进行图示讲解，无论投资者有没有投资经验，通过阅读本书，都可以轻轻松松选择产品，踏踏实实获得利润。

图书在版编目（CIP）数据

一看就懂的理财产品全攻略 ：图解版 / 刘柯编著. —北京：中国铁道出版社，2016.5
ISBN 978-7-113-21345-9

Ⅰ. ①一… Ⅱ. ①刘… Ⅲ. ①私人投资－基本知识
Ⅳ. ①F830.59

中国版本图书馆 CIP 数据核字（2016）第 015591 号

书　　名：一看就懂的理财产品全攻略（图解版）	
作　　者：刘 柯 编著	

责任编辑：张亚慧	读者热线电话：010-63560056
责任印制：赵星辰	封面设计：MXK DESIGN STUDIO

出版发行：中国铁道出版社（北京市西城区右安门西街 8 号　邮政编码：100054）	
印　　刷：北京明恒达印务有限公司	
版　　次：2016 年 5 月第 1 版　　2016 年 5 月第 1 次印刷	
开　　本：700mm×1000mm　1/16　印张：20.75　字数：430 千	
书　　号：ISBN 978-7-113-21345-9	
定　　价：45.00 元	

随着经济的飞速发展以及人们理财意识的加强，普通老百姓参与投资理财的机会越来越多，比起银行存款，人们更愿意将钱放到投资渠道，以钱生钱。

如今很多人都有理财的意愿，但因为对理财知识的理解较为简单，对金融风险的畏惧，让人们对理财敬而远之。

理财原本是一件非常简单的事，但因为市场的多变，人们在选择产品与风险防范上会显得较为复杂，从而使很多投资都以失败告终。

投资理财的渠道有很多，有传统的在银行进行理财，也有长期以来火爆的股市，还有目前非常流行的网络理财，但是无论怎样选择，最重要的就是挑选适合自己的产品。

为了帮助投资者在理财市场中找到一款适合自己的产品，我们编著了这本《一看就懂的理财产品全攻略（图解版）》，通过对本书的学习，可以让读者学会理财攻略，快速获利。

本书一共有 15 章内容，具体可以分为 5 部分，具体如下。

- 第一部分是本书的第 1~2 章，这部分主要介绍银行中的理财业务，分别是储蓄理财产品和银行理财产品，投资者可以从中找到传统定期理财之外的各类存款，同时找到适合自己的存款方法。此外还可以从风险大小上找到不同的银行理财产品，如稳定收益型、结构性存款等，利用银行理财产品进行快速获利。

- 第二部分是本书的第 3~9 章，这部分的内容比较多，分别介绍了一些存在时间较久，但内容丰富的理财工具，包括债券、基金、黄金、期货、外汇、保险及股票。在这部分内容中，我们可以从每一大类的理财工具中找到适合自己的小产品和投资渠道，从而进一步走进理财市场，将风险踩在脚下，将收益握在手中。

- 第三部分是本书的第 10~12 章，这 3 章内容是一些新颖的理财方式，分别为众筹理财、P2P 理财及网络理财。在这部分内容中，我们可以走进网络的世界，将理财与网络进行结合，找到各类众筹的特点，掌握人人贷、余额宝及百度理财等目前火爆的理财产品的价格分析与网络操作技巧。

- 第四部分是本书的第 13 章，这一章主要介绍的是手机理财，让投资者掌握随时随地手机理财的技巧。

- 第五部分是本书的第 14~15 章，这部分分别从价格分析的角度帮助投资者掌握基本面分析、K 线分析、成交量指标、移动平均线及其他技术分析的技巧。此外，这部分内容还从综合分析的角度帮助投资者认识在理财获得收益的同时，如何巧妙地规避理财风险。

本书是一本投资理财的参考书，注重理财产品的理论与实践相结合，重点介绍产品，同时辅助每种产品的理论知识与实践操作，对一些热门的产品，还单独进行了图解操作，力求手把手教会投资者进行实战投资，让投资者快速踏入理财市场。

本书有非常强烈的时效性，列举的产品都是目前理财市场上非常火爆的热门产品，但是投资者可以将不同的产品进行转换，从而灵活应用。

本书的使用对象比较广泛，新手投资者可以从中找到投资理财的基础知识，学会如何参与其中，而有经验的投资者可以从中找到不同的产品，并可找到对应的获利攻略。

由于编者知识有限，书中难免会有疏漏和不足之处，恳请专家和读者不吝赐教。

编　者
2016 年 1 月

Contents
目录

第1章 传统理财，最保险的银行储蓄

理财市场上的投资渠道成百上千，对于普通老百姓来说，最传统也是最常接触的就是银行储蓄，然而储蓄并非是直接存取这么简单，通过巧妙的应用，储蓄也可以成为很好的理财工具。

第2章 银行理财，多样化产品组合

除了储蓄之外，银行理财还有一种常见的方式，这就是银行理财产品。银行理财产品是根据金融市场的不同需求推出的理财工具，不同的投资者可以通过购买银行理财产品来获利。

第3章 债券理财，稳健投资的选择

走出银行，理财还有非常广阔的市场与渠道。首先，作为稳健投资的选择，债券是放在第一位的。通俗来说，债券就是一种借款凭证，我们将钱借给别人，对方在还钱时需要支付一定的利息。

Contents
—— 目录 ——

第4章 基金投资，同时抓住保本与收益

除了债券之外，在理财市场上还有一款收益较为稳定的投资产品，这就是基金。相对于债券，基金的投资更加复杂，不仅需要投资者了解较多的产品知识，更需要实时关注价格走势，找到最佳的获利机会。

第5章　黄金投资，理财升级的产品

黄金是一种最古老的通货，而如今的黄金除了扮演它本身的等价物与资产储备角色之外，更成了一种热门的投资理财工具，满足不同人群的投资理财需求。

Contents
目录

第6章 外汇投资，玩转国际市场

如今人们出国工作、求学、旅游的机会越来越多，接触外汇的机会也随之增加，所谓的外汇投资，就是我们常说的炒外汇，即人们利用汇率的变化来获利。

第7章 期货交易，利用商品价格获利

黄金、外汇、期货，这3种投资工具往往被人们归纳在一起，这是因为它们具有很多共同的特点，在本章，我们一起来认识期货投资中会涉及的合约品种与获利攻略。

第8章 保险理财，保险的同时兼顾收益

随着我国保险制度的普及，保险已经不再是一个新鲜的名词，然而因为市场的诸多原因，许多人对保险的认识还比较片面，现在我们就从保险的不同产品出发，来看看各类保险该如何购买。

Contents
目录

第9章 风云股市，人人参与的理财产品

如果要问现在投资市场最火爆的方式是什么，首当其冲的就是股票。股票的种类有很多，参与方式也有很多，几乎是一种全民参与的状态。

第10章 人人众筹，汇聚众人力量理财

第三方支付、P2P网贷、大数据金融、信息化金融机构、互联网金融门户、众筹是目前公认的六大互联网金融服务。其中，众筹作为一种新颖的理财方式，让人人都参与进来，汇聚微小的力量做更大的事。

Contents
—— 目录 ——

第 11 章　网贷 P2P，个人借贷成为理财工具

在第 10 章中我们介绍到，P2P 网贷是互联网金融六大模式之一，它通过点对点的模式进行借贷，让筹资人获得资金，让贷款人获得利息。本章我们就简单来认识一些 P2P 网贷理财的产品与攻略。

第12章　网络理财，足不出户简单快捷

除传统的理财方式之外，人们愿意追求一种更加简单的理财工具，网络理财就是一种操作更加简单、获利更加稳定、资金周转更快的产品，帮助人们足不出户完成投资理财。

第13章　手机理财，随时随地轻松掌控

智能手机或是平板电脑已经普及，使用手机进行投资理财，有着比传统理财方式或电脑客户端更加便捷的优势。

Contents
目录

第14章 价格分析，投资理财的关键

在投资理财中，大多数的产品都是通过价格的变化来获得投资价值的，对价格走势的分析非常重要。在本章中，我们简单来认识一些价格分析基本面与技术面的基础攻略。

第 15 章 理财注意，获取收益不忘 防范风险

通过本书前面几章内容的了解，我们已经对市场上盛行的理财产品及其投资技巧有了充分的了解，然而理财有风险，入市需谨慎。在最后一章，我们就来认识一些在获得收益的同时防范风险的技巧。

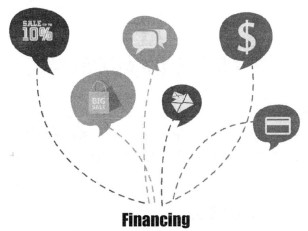

Financing
—— 一看就懂的理财产品全攻略（图解版）——

第1章

传统理财，
最保险的银行储蓄

理财市场上的投资渠道成百上千，对于普通老百姓来说，最传统也是最常接触的就是银行储蓄，然而储蓄并非是直接存取这么简单，通过巧妙的应用，储蓄也可以成为很好的理财工具。

01
储蓄的基础

> 储蓄，也称储蓄存款，是指为居民个人积蓄货币资产和获取利息而设定的一种存款方式。我们将钱存入银行，银行按利率给予利息，这是银行与储户之间的一种"交易"，本书的第一部分，走进熟悉又陌生的银行储蓄。

1. 银行有哪些金融业务

1897 年，中国第一家商业银行通商银行在上海成立，经过百余年的发展，如今的银行已经成为我们日常生活中不可缺少的部分，对普通老百姓来说，银行可以为我们提供哪些服务呢？具体如下。

- **存贷业务**：存贷是银行的基础业务，分为存款业务和贷款业务。存款是存款人基于对银行的信任而将资金存入银行，并可以随时或按约定时间支取款项的一种信用行为。存款是银行对存款人的负债，是银行最主要的资金来源。贷款业务是银行或按一定利率和必须归还条件出借货币资金的一种信用活动形式。银行通过贷款的方式将所集中的货币和货币资金投放出去，可以满足社会扩大再生产对补充资金的需要，同时，银行也可以由此取得贷款利息收入，增加银行自身的积累。

- **理财业务**：银行理财业务是指银行理财师通过收集整理客户的收入、资产和负债等数据，倾听客户的希望、要求和目标等，为客户制订投资组合、储蓄计划、保险投资对策、继承及经营策略等财务设计方案，并帮助客户的资金最大限度地增值。理财业务现已经成为银行业务的第二大核心内容。

- **对公业务**：银行对公业务包括企业电子银行、单位存款业务、信贷业务、机构业务、国际业务、委托性住房金融、资金清算、中间业务、资产推介和基金托管等。通俗地说，就是"对单位的业务"。

- **中间业务**：中间业务又称表外业务，商业银行的中间业务主要有本币结算、外币结算、银行卡、信用证、备用信用证、票据担保、贷款承诺、衍生金融工具、代理业务和咨询顾问业务等。

2. 利率与利息计算

在银行中存钱，最重要的是要学会计算利息，而计算利息就要使用到利率。所谓利率，就是在一定时期内利息量与本金的比率，通常用百分比表示。利息的计算非常简单，只需记住如下公式。

利息=本金×利率

一般来说，不仅是储蓄，任何理财产品的收益都可以这么计算，但是实际的利息计算却并不是这样的，它还需要涉及年化收益率。

年化收益率，指投资期限为一年所获的收益率，把当前收益率（日收益率、周收益率、月收益率）换算成年收益率来计算，是一种理论收益率，并不是真正的已取得的收益率。

利用年化收益率计算利息，一般会涉及图 1-1 所示的 4 条公式（根据不同的理财产品，一年的计算天数可能是 365 天，也可能是 360 天）。

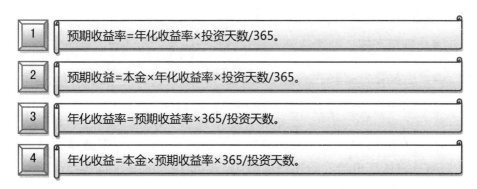

1 预期收益率=年化收益率×投资天数/365。

2 预期收益=本金×年化收益率×投资天数/365。

3 年化收益率=预期收益率×365/投资天数。

4 年化收益=本金×预期收益率×365/投资天数。

图 1-1 利率计算的 4 条公式

3. 活期与定期

银行存款的种类有很多，从基础上看，可以将银行存款分为活期存款与定期存款两种。

■ 活期存款

活期存款简单来说就是我们存在银行账户里的钱，无须任何事先通知，储户即可随时存取和转让的一种银行存款。

活期存款的利息计算同样采用"利息=本金×利率"的计算公式，但是一般活期存款的利率非常低，如果不是较大的本金，基本可以忽略不计。活期存款有如下三大特色。

- **通存通兑**：储户凭银行卡可在全国银行网点和自助设备上存取人民币现金。
- **资金灵活**：储户可随用随取，资金流动性强。
- **缴费方便**：储户可将活期存款账户设置为缴费账户，由银行自动代缴各种日常费用。

■ 定期存款

定期存款是指存款人在保留所有权的条件下，把使用权暂时转让给银行的资金或货币，它具有如下特点。

- **期限固定**：分为 3 个月、6 个月、一年、两年、三年和五年。
- **金额限制**：起存点 5 元，无上限。
- **形式多元**：分为存单、定期一本通和借记卡。

定期存款的利率比活期利率高很多，通过这样的利率获得利息也是人们愿意将钱"出借"给银行的原因。需要注意的是，定期存款根据存款时间的不同，会执行不同的利率，此外国家也会根据经济发展水平，适度调整存款利率。

作为普通投资者，存入定期存款一般通过图 1-2 所示的方式。

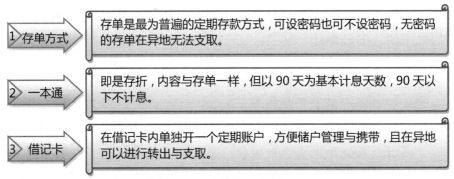

1 存单方式	存单是最为普遍的定期存款方式，可设密码也可不设密码，无密码的存单在异地无法支取。
2 一本通	即是存折，内容与存单一样，但以 90 天为基本计息天数，90 天以下不计息。
3 借记卡	在借记卡内单独开一个定期账户，方便储户管理与携带，且在异地可以进行转出与支取。

图 1-2　定期的存款方式

4.　到期、支取与续存

我们在银行进行存款，就一定会遇到定期存款的到期、支取、提前支取与续存，下面来看看针对这些情况应该如何处理。

■　到期

到期也就是约定的定期存款期限满期了，一般在到期后，需要储户到银行进行赎回，赎回就是取出定期存款，就是将本金和利息变成活期或现金。

定期满期后如果未到银行进行办理，则满期后的储蓄天数全部算作活期存款。

■　支取

支取就是将定期转为活期，一般是由银行系统自行完成，这里说的支取，主要是指提前支取。

提前支取是指储户将未到期的定期存款支取出来，这需要本人带身份证及存单到银行柜台进行办理，而提前支取后，存款利息按照活期利息进行计算。

除了提前支取，有一种方法既可以解决我们的燃眉之急，又可以减少利息损失，那就是部分支取。部分支取是指在存款期限内，可以提取一部分定期存款，提取的部分按照活期利率计算利息，而剩余的部分则按照原来约定的利率计算利息。

部分支取有好处但也有一定的限制，下面来看一个例子。

老王和老伴一辈子辛辛苦苦，在退休时，攒下了50万元的存款，两人都购买了社保，一个儿子自己做小生意，所以日子过得还算自在。

老王听别人说，把钱存进银行，每年会有利息，还可以根据需要随时提取一部分出来，比较方便。于是老王去了银行，把自己的50万元存为5年期的定期存款。

半年之后，老王的老伴突发心脏病，心脏起搏器需要自费5万元，于是老王到银行给工作人员说要部分提取自己的50万元存款，老王顺利地取出了5万元，老伴也顺利完成了手术。

又过了一年，老王的儿子因为生意上的资金问题，急需20万元。于是老王想也没想，又到银行想支取20万元，可这一次就没有那么顺利了。银行工作人员说，提前支取只能在存期内办理一次，如果要再次提前支取，就必须全部提前支取。这下老王傻了，只得提前支取出45万元的存款。白白损失了10多万元的利息。

■ 续存

续存分为本息续存与只存本金，本息续存就是指将本金和利息一起存为新的定期，而只存本金就是指取走利息，本金续存。

续存需要本人亲自到银行进行办理，而且不能提前办理续存。

除此之外，储户如果不想到期到银行办理续存，又不想损失利息，可办理自动转存。

转存，顾名思义，就是将满期后的定期存款继续按照约定时间存为下一笔定期存款，而不需要我们亲自去办理，具体的特点如下。

● 自动转存会将上一次的定期利息加上本金，一起算作本次存款的本金。

● 自动转存的次数没有上限，可以无限次地转存。

● 第一次存期与第二次存期的期限可以不同，在第二期进行提前支取时，已经满期的存款按定期利息计算，剩余的按活期利息计算。

02
我国现有的储蓄方式

前面我们讲到，银行的存款方式多种多样，在定期存款中，整存整取、零存整取、整存零取、存本取息等方式都可以帮助我们完成存款理财，下面我们就来逐项认识。

1. 储蓄获利基础——整存整取

整存整取是指开户时约定存期，一次性存入，到期时一次性支取本息的一种个人存款方式，如今的整存整取有如下的特点。

● 人民币存期分为三个月、六个月、一年、两年、三年和五年 6 个档次，外币存期分为一个月、三个月、六个月、一年和两年 5 个档次。

● 办理整存整取一般是存单、定期一本通或银行卡。

● 储户可通过银行柜台、网上银行或媒体一体机进行存入。

2. 利用网上银行存入整存整取

网上银行是帮助我们更好地进行投资理财的重要工具，它不仅可以完成各类金融业务，还可以快捷省力地进行操作，下面我们来看看如何在中国工商银行网上银行存入整存整取一年期存款。

Step01 进入中国工商银行网上银行（www.icbc.com.cn），在首页的"用户登录"栏中单击"个人网上银行"按钮。

Step02 输入网上银行账号及密码，单击下方的"登录"按钮。

Step03 进入个人网上银行页面，在上方的菜单栏中单击"定期存款"超链接。

Step04 在页面下方打开的"存入定期存款"栏中选择自己要存入的定期种类，单击右侧的"存入"超链接。

序号	产品名称	币种	存期	挂牌利率(%)	操作
1	个人人民币3月期整存整取存款	人民币	3个月	2.6	详情 存入
2	个人人民币6月期整存整取存款	人民币	6个月	2.8	详情 存入
3	个人人民币1年期整存整取存款	人民币	1年	3.0	详情 存入
4	个人人民币2年期整存整取存款	人民币	2年	3.5	详情 存入
5	个人人民币3年期整存整取存款	人民币	3年	4.0	详情 存入
6	个人人民币5年期整存整取存款	人民币	5年	4.25	详情 存入
7	个人外币1月期整存整取存款	外币	1个月	-	详情 存入
8	个人外币3月期整存整取存款	外币	3个月	-	详情 存入

Step05 进入存款页面，输入存款金额、账户信息及约转信息，单击"提交"按钮。

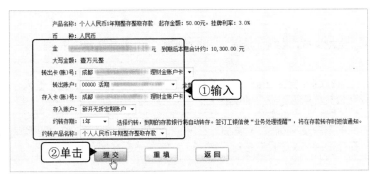

Step06 在打开的页面中确定存款信息，单击"确定"按钮，并进行相关安全支付操作即可完成定期存款的存入。

3. 网上银行基础操作与使用技巧

网上银行是我们投资理财的重要工具，不仅是银行存款理财，其他的理财工具同样需要使用到网上银行，下面来看看银行网上银行的基础操作要点与使用技巧，具体如图 1-3 所示。

1	网上银行需要在银行柜台进行注册后才可以使用,自行注册的网上银行可能无法完成许多支付操作。
2	网上银行的密码一般需要设置字母+数字的组合形式，以保证账户的安全。
3	网上银行在支付时需要下载安全控件，并使用 U 盾、电子密码器、动态口令卡或手机验证支付。
4	使用网上银行进行转账等交易，到账时间更快，手续费更低。

图 1-3 网上银行的基础操作使用技巧

5	对于异地支取定期等无法完成的银行服务，可通过网上银行办理。
6	网上银行的安全性目前是一大隐患，储户不要将自己的密码交于他人，也不要在公共场所等不安全的电脑上使用网上银行。
7	不同的账户及不同的支付方式，每日的支付限额是不同的，储户要根据自己的资金使用情况选择并进行设置。

图 1-3　网上银行的基础操作使用技巧（续）

4.　分散的储蓄方式——零存整取、整存零取、存本取息

■ 零存整取

零存整取是指储户在进行银行存款时约定存期，每月固定存款，到期时一次性支取本息的一种储蓄方式。

零存整取具有计划性、约束性、积累性的特点。零存整取利息＝月存金额×累计月积数×月利率。其中：累计月积数＝（存入次数＋1）/2×存入次数。由于零存整取只有 3 种年限，所以可以记住三个常数：一年78、三年666、五年1830。

具体的零存整取有如下特点。

- 期限分别为一年、三年和五年 3 种期限。

- 零存整取办理后，可在下一月的任何一天存入。

- 如果出现了中途漏存，应该在次月补起，但存期内漏存次数累计不超过 2 次，否则将视零存整取合约失效。

- 零存整取可以办理提前支取，但不能办理部分提前支取。

- 每月必须按开户时的金额进行续存，续存时不能增加开户金额。

- 一般可以将零存整取绑定到一个活期账户中，然后每月由银行自动从活期账户中扣款，避免出现漏存。

■ 整存零取

整存零取是指在开户时约定存款期限、本金一次存入，固定期限分次支取本金的一种定期储蓄，整存零取执行利率和零存整取利率一样。

每次支取本金=本金/约定支取次数。

到期应付利息=（全部本金+每次支取金额）/2×支取本金次数×每次支取间隔期×月利率。

整存零取特别适合家长为在外工作的大学生支付生活费等每月定期的支出，存期分一年、三年和五年，支取期分一个月、三个月及半年一次。

■ 存本取息

存本取息是指个人将属于其所有的人民币一次性存入较大的金额，分次支取利息，到期支取本金的一种定期储蓄。

存本取息的起点金额为 5 000 元。存期分为一年、三年、五年。

每次支取利息数=本金×存期×利率/支取利息的次数。

5. 年轻人善于利用零存整取攒钱

零存整取是最适合刚参加工作的年轻人进行储蓄积累，每个月将工资的一部分进行储蓄，避免过度的挥霍浪费，下面来看一个例子。

小李和小张是大学同学，毕业后两人都找到了一份不错的工作，月薪都为 5 000 元。

虽然是同学，但两人却有着不同的理财观念，小李选择了银行的零存整取方式，每月从自己收入中拿出 1 000 元进行储蓄。如果以 1.60% 的利率计算，一年后，小李可获得 140.00 元的利息，本息合计 12 104.00 元。

而小张选择的却是通过活期积累后再转定期的方式，他同样每月从工资里拿出 1 000 元进行储蓄，但因为是放在活期账户中，因此很难强制自已进行储蓄。一年后，小张只攒了 8 000 元，并且只有微薄的活期利息。

6. 中国工商银行网上银行存入零存整取

零存整取也可以通过网上银行来进行，下面以在中国工商银行网上银行存入零存整取为例进行讲解。

Step01 登录中国工商银行网上银行，单击"定期存款"超链接。

欢迎页面	我的账户	定期存款	通知存款	公益捐款	转账汇款
工行理财	网上基金	单击	账户外汇	网上贵金属	网上债券
网上预约	缴费站		网上汇市	工银e支付	工银信使

Step02 在页面下方打开的产品列表栏中选择零存整取存款选项，单击其后方的"存入"超链接。

产品名称	币种	存期	挂牌利率(%)	起存金额(元)	操作
个人人民币5年期存本取息	人民币	5年	1.85	5,000.00	存入
个人人民币1年期零存整取	人民币	1年	1.6	5.00	存入
个人人民币3年期零存整取	人民币	3年	1.8	5.00	单击
个人人民币5年期零存整取	人民币	5年	1.85	5.00	
个人人民币1年期教育储蓄	人民币	1年	2.0	50.00	存入
个人人民币3年期教育储蓄	人民币	3年	3.0	50.00	存入
个人人民币6年期教育储蓄	人民币	6年	3.05	50.00	存入

Step03 在打开的页面中输入每期存入的金额，设置账户信息后单击"提交"按钮，确认信息后即可成功存入零存整取。

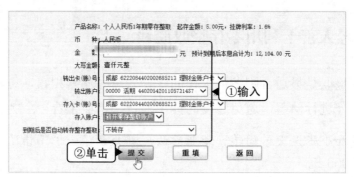

7. 超短期储蓄理财——中国建设银行通知存款一户通

在储蓄理财中，有一种适合超短期限的存款方式可帮助我们进行储蓄理财，下面以中国建设银行通知存款一户通为例来进行简单的了解。

通知存款一户通是中国建设银行的一款具有智能理财功能的个人金融产品，既有活期存款的便利，又有七天或一天通知存款的利息收益，其有如下的特点。

- 存款起点金额在人民币5万元以上，或外币等值5 000美元以上。

- 开户即约定自动转存，凡是存入七天以上的存款，均进行自动转存，按七天通知存款利率结计利息。不足七天的，按一天通知存款利率结计利息。

- 可以选择龙卡通、理财卡或储蓄存折作为通知存款一户通的交易介质。

- 如果未按照存款时确定的通知时间支取通知存款，通知存款将按照活期存款利率计算利息。

中国建设银行通知存款一户通的一大特色是当约定活期存款账户余额大于约定的保留金额时，且超出金额符合一户通最低续存金额的规定时，超出部分的存款自动转入一户通，享受七天或一天通知存款利率。

一般有"活期资金自动转一户通账户"和"一户通资金自动转活期账户"两种方式，用户只需在柜台或网上银行进行签约即可轻松办理。

8. 生意人利用通知存款充分利用资金

对于做生意的人群来说，常常手里会有大量的资金，但是这些资金很快会进行再投入，那么短期内便可以利用通知存款解决资金闲置的问题，下面来看一个例子。

李先生有100万元资金，三个月内可能会使用资金，而且使用资金的时间较急，所以他选择存入一天通知存款，最后实际存了30天，我们对其收益进行比较：

30 天活期存款利息：100 万元×0.35%/360×30=291.67 元。

30 天一天通知存款利息:100 万元×0.08%/360×30=666.7 元。

赵先生同样有 100 万元资金，也是三个月内可能会使用资金，但能提前一周知道使用资金的时间，他存入了 7 天通知存款，实际存了 30 天，我们对其收益进行比较：

30 天活期存款利息：100 万元×0.35%/360×30=291.67 元。

30 天 7 天通知存款利息：100 万元×1.35%/360×30=1 125 元。

通过上面的例子可以看出,通知存款比 30 天活期存款有更丰厚的利息收入。而 7 天通知存款则比一天通知存款还要有丰厚的利息。

9. 定期和活期自由转变——定活两便

在众多的存款项目中，有一种产品既有定期的利息收益，又有活期的便利性，根据储户的实际需要进行转变，这就是定活两便存款。

定活两便是一种事先不约定存期，一次性存入，一次性支取的储蓄存款，具体有图 1-4 所示的特征。

1	个人定活两便存款的起存金额为人民币 50 元或者不低于人民币 100 元的等值外币。
2	开户时不必约定存期,银行根据存款的实际存期按规定计息,不受时间限制。利率相比活期要高。
3	个人定活两便存款开办的货币有：人民币、美元、日元、欧元、英镑、港币、澳大利亚元、加拿大元、瑞士法郎和新加坡元。

图 1-4　定活两便的特征

对于定活两便，最重要的就是利息计算，具体的规则如下。

● 存期不足 3 个月的，按支取日挂牌的活期储蓄利率计付利息。

● 存期 3 个月以上（含 3 个月），不满半年的，整个存期按支取日定期整存整取三个月利率打六折计息。

- 存期半年以上（含半年）不满一年的，按支取日定期整存整取半年期利率打六折计息。

- 存期在一年以上（含一年），无论存期多长，整个存期一律按支取日定期整存整取一年期利率打六折计息。

10. 为子女教育准备资金——教育储蓄

教育储蓄是指个人为其子女接受非义务教育（指九年义务教育之外的全日制高中（中专）、大专和大学本科、硕士和博士研究生）积蓄资金，每月固定存额，到期支取本息的一种定期储蓄。

教育储蓄一般有如下的特点。

- 开户对象为在校小学四年级（含四年级）以上的学生。

- 最低起存金额为 50 元，本金合计最高限额为 2 万元。

- 可选择存期分为一年、三年和六年。

- 开户时必须提供客户本人（学生）户口簿或居民身份证。以客户本人的姓名开立存款账户。

- 三个学习阶段可分别享受一次 2 万元教育储蓄的免税优惠。

- 教育储蓄开户或支取时必须有相关的学生证明文件。

- 到期时储户凭存折、身份证和户口簿（户籍证明）和学校提供的正在接受非义务教育的学生身份证明，一次支取本金和利息，每份"证明"只享受一次利息税优惠。

- 教育储蓄必须全额支取，不能办理提前支取。

- 教育储蓄超过原定存期部分（逾期部分），将计算活期利息。

- 教育储蓄的利息一年期、三年期教育储蓄按开户日同期同档次整存整取定期储蓄利率计息，六年期按开户日五年期整存整取定期储蓄存款利率计息。利息公式和整存整取一样，本金算总存金额。

下面我们来看一个教育储蓄的案例。

邓女士在 6 年前替自己当时正在读小学六年级的女儿办理了一笔教育储蓄存款，期限为 6 年，每月存 200 元。

今年，邓女士的女儿正好要读大学，需要一笔金额不小的学费。于是邓女士想到了这笔教育储蓄。邓女士通过上网查询与计算，女儿可以获得的本息为 15 735.9 元。

于是邓女士便拿着当初开户的存折去银行取钱，可到了银行才知道，因为当初开户的名字必须是邓女士的女儿，所以必须需要邓女士的女儿到场办理，不仅这样，还需要到当初开具证明的小学再次办理教育储蓄需要的学生证明。

几经周折之后，邓女士终于取出了这笔教育储蓄，但为什么利息只有 3 735.9 元呢。经过询问，原来教育储蓄的本金最高为 2 万元，六年期教育存储按五年期整存整取定期存储存款利率计息，邓女士这才明白过来：原来教育储蓄有这样的限制。

11. 高额资金的储蓄理财——中国银行大额存单

大额存单是指由银行业存款类金融机构面向个人、非金融企业、机关团体等发行的一种大额存款凭证。与一般存单不同的是，大额存单在到期之前可以转让，期限不低于 7 天，投资门槛高，金额必须为整数。我国的大额存单业务 2015 年刚刚在各大银行上市。

大额存单一般有非常多的限制，下面我们以中国银行的一款大额存单储蓄方式为例来具体分析。

中国银行 2015 年第二期个人大额存单。

产品简介：个人大额存单是由中国银行发售的，面向个人客户的记账式大额存款凭证，是存款类金融产品，属一般性存款。

期限：发售人民币标准类固定利率大额存单，包括 1 个月、3 个月、6 个月和 1 年期 4 个子产品。各期限产品的购买起点金额不低于人民币 30 万元。

发售渠道：中国银行全辖各营业网点、网上银行和手机银行。

适用对象：凡在中国银行开立活期账户的个人客户均可持本人实名制有效身份证件于中国银行营业网点柜台或通过网上银行或手机银行购买，首次购买前请先行于中国银行营业网点柜台进行签约。

产品优势：产品利率较同期限现有定期存款更具竞争力；本产品可办理全部/部分提前支取、质押贷款及存款证明；本产品保本保息，不存在本金和收益损失风险。

特别说明：本产品采用电子方式发售，购买后网点柜台、网上银行、手机银行均可查询；本产品不可自动转存，到期一次还本付息。

表 1-1 简单列举了一些最新发布的银行大额存单情况。

表 1-1　部分大额存单详情

银行名称	1 月	3 月	6 月	12 月	是否可提前支取
工商银行			2.87%	3.06%	不可
农业银行			2.87%	3.15%	允许部分提前支取
中国银行	2.54%	2.59%	2.87%	3.15%	允许部分提前支取
建设银行				3.15%	允许部分提前支取
交通银行		2.59%	2.87%	3.15%	允许部分提前支取
招商银行	2.6%				不可
浦发银行			2.9%	3.15%	允许部分提前支取
中信银行		2.6%	2.9%	3.15%	允许部分提前支取

通过以上的产品列举，我们可以简单总结大额存单的特点如图 1-5 所示。

1	存款期限众多，包括1个月、3个月、6个月、1年等。
2	各期限产品的购买起点金额均不低于人民币30万元。
3	存款利率较为固定且较高，一般比同期限定期存款利率高35%~40%。
4	大额存单有一定的总额度限制，认购满额后将无法再存入。
5	部分支取后剩余的金额必须大于30万元。
6	大额存单可以通过特定平台进行自由转让。

图1-5 大额存单的特点

12. 中国工商银行网上银行办理大额存单

大额存单的存入方式和定期存款比较类似，下面来看看如何在中国工商银行网上银行存入大额存单存款。

Step01 登录中国工商银行个人网上银行，在首页单击"定期存款"超链接。

欢迎页面	我的账户	定期存款	通知存款	公益捐款	转账汇款
工行理财	网上基金	账户商品	账户外汇	网上贵金属	网上债券
网上预约	缴费站	信用卡服务	网上汇市	工银e支付	工银信使

Step02 在下方打开的产品列表栏中选择大额存单存款选项，单击其后方的"存入"超链接。

2015年第2期6个月个人大额存单（2015100206）	人民币	6个月	2.52	300,000.00	详情 存入
2015年第2期9个月个人大额存单（2015100209）	人民币	9个月	2.66	300,000.00	详情 存入
2015年第2期1年期个人大额存单（2015100212）	人民币	1年	2.8	300,000.00	详情 存入
2015年第2期2年期个人大额存单（2015100224）	人民币	2年	3.64	1,000,000.00	详情 存入
2015年第2期3年期个人大额存单（2015100236）	人民币	3年	4.55	1,000,000.00	详情 存入

Step03 在打开的存入页面中输入要存入的金额，单击"提交"按钮，确认信息后即可成功存入大额存单存款。

13. 最新的存款制度——存款保险制度

2015 年，我国针对存款推出了一项新的制度——存款保险制度，它不是一种详细产品，而是在对各类储蓄存款进行保证。

存款保险制度是一种金融保障制度，是指由符合条件的各类存款性金融机构集中起来建立一个保险机构，各存款机构作为投保人按一定存款比例向其缴纳保险费，建立存款保险准备金，当成员机构发生破产倒闭时，存款保险机构向其提供财务救助或直接向存款人支付部分或全部存款，从而保护存款人利益，维护银行信用。

存款保险有以下四大基本特征。

- **有偿性和互助性**：只有在投保银行按规定缴纳保险费后，才能得到保险人的资金援助，或倒闭时存款人才能得到赔偿。另一方面，存款保险是众多的投保银行互助共济实现的，如果只有少数银行投保，则保险基金规模小，难以承担银行破产时对存款人给予赔偿的责任。

- **时期的有限性**：存款保险只对在保险有效期间倒闭的银行存款给予赔偿，而未参加存款保险，或已终止保险关系的银行的存款一般不受保护。

- **结果的损益性**：存款保险是保险机构向存款人提供的一种经济保障，一旦投保银行倒闭，一般是存款人要向保险公司索赔，费率计算差别较大。

● **垄断性**：存款保险都不同于商业保险公司的服务，其经营的目的不在于盈利，因此存款保险机构一般具有垄断性。

03
储蓄获利攻略

通过本章前面的内容，我们已经认识了现在国内银行市场上基本的储蓄方式，为了更好地利用储蓄理财，下面来认识一下储蓄时的技巧与攻略。

1. 认清银行吸储的"陷阱"

我们进行银行存款，并不是将自己所有的钱全部存入，也不是不分时间与技巧。在银行进行储蓄，首先要看清银行吸储的陷阱。

银行利用利息手段吸取存款，然后将钱用于放贷，收取贷款户利息，从中赚取利息差。所以说，我们到银行存款，实际是将钱借给银行。

对于普通老百姓而言，银行吸储手段一般为以下几点。

● **存款送礼**：只要存款达到一定金额，就会有不同的礼品赠送。小则米、面、油等生活品，大到金条等礼物。

● **贵宾诱惑**：银行一般会利用办理金卡、VIP 窗口等手段获得储户的信任与好感，以此吸收存款。

● **走进社区**：有的银行，会将柜面系统搬到社区，方便储户存款。

● **利率上浮**：部分商业银行会上调基础存款利率，以此吸收存款，并激励储户将钱存为定期存款。

● **人情世故**：银行工作人员有时会通过营销或"套近乎"的方式，将储户的钱留在银行中。

我们在选择去哪家银行存款、怎么存时，一定不要被银行的这些手段诱惑，尽量根据自身的实际情况存储。

2. 合理规划，组合存入银行储蓄

银行存款多种多样，无论我们有多少资金，最好的办法就是通过合理的规划进行组合储蓄，这样不仅可以应对不同的资金需求变化，同时还可以保证利息收入。下面我们来看一个例子。

王先生今年45岁，和妻子开了一家不大不小的餐馆，平均每月收入大约2万元。有一个正在读高中的儿子。王先生一家人均有社保与医疗保障，日常支出情况主要是家庭生活费（含水电、物管等）每月2 000元；父母赡养加人情往来每月1 000元，儿子读书每年约6 000元。王先生有一套100平方米的自用住房，最近打算购入一辆20万元的汽车。

王先生一家拥有存款80万元，由于王先生不愿意将钱投入其他地方，只希望通过存款的方式进行储蓄理财，所以银行的理财经理为王先生设计了以下的存款分配计划：

由于王先生一家拥有固定的收入及保障，所以为了收益最大化，存入40万元的5年期定期存款。

为了避免突发事件的发生，存入10万元的1年期定期存款。

因为买车的程序一般为一周内完成，所以存入一笔20万元的7天通知存款。

考虑到儿子现在及将来的学费为一年一交，所以存入5万元一年期的定期存款，并且进行约定转存。

另外存入5万元的3年期整存零取存款，每月支取大约1 500元，作为儿子将来上大学的每月生活费。

在进行储蓄组合时，投资者一般要注意如图1-6所示的细节。

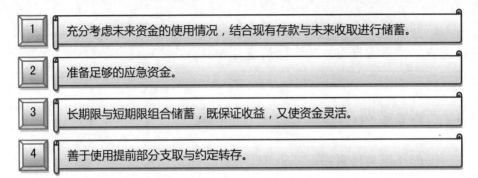

1	充分考虑未来资金的使用情况，结合现有存款与未来收取进行储蓄。
2	准备足够的应急资金。
3	长期限与短期限组合储蓄，既保证收益，又使资金灵活。
4	善于使用提前部分支取与约定转存。

图 1-6　组合存款技巧注意事项

3.　六大存款技巧

每个人的资金情况、收入水平、消费理念及理财意愿都是不同的，但是储蓄都是必不可少的，下面我们来认识一些非常有效的存款技巧。

■　阶梯式储蓄法

阶梯式储蓄也可以叫作台阶式储蓄，是一种将总资金分散的储蓄方式。

假定现在有 5 万元储蓄资金，我们可以将其平均分成五个 1 万元，分别开设一年期存单、二年期存单、三年期存单、四年期存单（三年期自动约转一年期）、五年期存单各一个。

一年后，就可以用到期的 1 万元，再去开设 1 个五年期存单。以后每年如此，五年后手中所持有的存单全部为五年期。只是每个 1 万元存单的到期年限不同，依次相差 1 年。最后一个循环完成之后，总共有 10 年的期限，并可继续循环下去。

这种方法既可获取高息，又不影响资金的灵活使用。既可以跟上利率调整进行存款，又能获得五年期存款的高利息，生活节奏井井有条。是保守型家庭中长期投资的一种方法。

■　十二分储蓄法

十二分储蓄法也可以叫作月月储蓄法或 12 张存单法，顾名思义，就是每月进行储蓄。这种方式既可积累，又可理财。

如现在每月从工资中拿出 1 000 元来储蓄，每月开一张一年期存单。存足一年后，手中便会有 12 张存单，而这时第一张存单便开始到期。把第一张存单的利息和本金取出，与第二年第一个月要存的 1 000 元相加，再存成一年期定期存单。依此类推，手中便一直都会有 12 张存单。一旦急用，只要支取近期所存的存单即可。

这种储蓄方式可以最大限度地发挥储蓄的灵活性，即使急需用钱，也不会有太大的利息损失。既可减少利息损失，又能解燃眉之急，很适合工薪家庭应急之需。不足之处就是每月都需要进行操作，较为烦琐。

■ 利滚利储蓄法

利滚利储蓄法是存本取息储蓄和零存整取储蓄二者有机结合的一种储蓄方法。

具体操作方法为：假如你现有 5 万元，你可以先把它存成存本取息储蓄。一个月后，取出存本取息储蓄的第一个月利息，再用这第一个月利息开个零存整取储蓄户。以后每月把利息取出后，都存到这个零存整取储蓄户。

这样，不仅可以得到了利息，而且又通过零存整取储蓄使利息又生利息。这种储蓄方法，使一笔钱能取得两份利息，额度可大可小，只要长期坚持，也会有不错的回报。

■ 四分储蓄法

四分储蓄法是最好的资金分散方式，假设你现在有 10 万元资金，一年内要使用一笔钱，但用钱的具体金额、时间并不确定。为让这 10 万元钱尽可能获取"高利"，那你可选择四分储蓄法。

现有 10 万元的闲置资金。当不知道如何花这笔钱时，可将其分为 1 万元、2 万元、3 万元、4 万元四份定期存款。

在几个月之后，如需要 1 万多元的钱，便可动用其中 2 万元的存单，即解决资金的急用，最大限度地减小了其余存款利息的损失。

把资金分别存成四张存单，当然也可以进一步细分成更多的存单。

这样一来，遇到什么样的事动用什么样的存单，无须其他存单出马，减少不必要的利息损失。

■ 交替储蓄法

交替储蓄是一种比较简单同时适合老年人的一种储蓄方式。

假设现在有 5 万元的现金，可以把它平均分成两份，每份 2.5 万元，然后分别将其存成半年期和一年期的定期存款。半年后，将到期的半年期存款改存为一年期的存款，手中就有两种一年期存单。并将两张一年期的存单都设定成为自动转存。这样进行交替储蓄，循环周期为半年，每半年你就会有一张一年期的存款到期可取，这样也可以让自己有钱应备急用。

这种储蓄方式适合手中的闲钱较多，而且一年之内没有什么用处的投资者。

■ 接力储蓄法

接力储蓄法和交替储蓄法比较相似，都是交叉进行存款。

如果每个月会固定存入银行 2 000 元的活期存款，可以选择将这 2 000 元存成 3 个月的定期，在之后的两个月中，继续坚持每月一笔 2 000 元的定期存款，这样一来，在第 4 个月时，第一个定期存款就会到期，这时候每个月都会有一笔 3 个月的定期存款可供支取。

这种储蓄方式会进行正常的支出，却能取得比活期储蓄更高的利息收入。

Financing
—— 一看就懂的理财产品全攻略（图解版）——

第 2 章

银行理财，
多样化产品组合

除了储蓄之外，银行理财还有一种常见的方式，这就是银行理财产品。银行理财产品是根据金融市场的不同需求推出的理财工具，不同的投资者可以通过购买银行理财产品来获利。

01
银行理财产品的基础

银行理财产品，是商业银行在对潜在目标客户群分析研究的基础上，针对特定目标客户群开发设计并销售的资金投资和管理计划。对于普通投资者来说，银行理财产品的投资就是购买银行理财产品，本章的开头我们首先来简单认识银行理财产品。

1. 什么是银行理财产品

银行理财产品是由银行研究，在银行进行购买的，目前我国各大银行都有理财产品销售，数量多达几万种，要认识银行理财产品，首先就要来看看它有哪些种类。

■ 按投资渠道分类

我们将资金用来买银行理财产品，银行将这些钱投入到某个领域，这就是银行理财产品按投资渠道进行分类。按照投资渠道，一般有表 2-1 所示的一些理财产品。

表 2-1　人民币理财产品的不同投资渠道

产品类型	产品介绍	产品特点
债券类产品	主要投资于国债、央行票据、政策性金融债等非信用类工具	投资风险较低，收益比较固定
信托类产品	投资商业银行或其他信用等级较高的金融机构担保、回购的信托产品	虽然产品不保本，但产品收益较为稳定，风险相对较小
结构性产品	以拆解或组合的衍生性金融商品为主，如股票、利率、指数等，或搭配零息债券的方式组合而成的各种不同回报形态的金融商品	一般不以理财本金作投资，仅用利息部分，大多为 100% 保本，产品收益与挂钩标的有某种关系，通过公式等反映在合同上

续表

产品类型	产品介绍	产品特点
新股申购产品	集合投资者资金，专门用于投资新上市的股票	产品不保本，直接和新股申购获利有关，风险适中

■ 按照风险大小分类

作为普通投资者，我们很少会关心理财产品的投资渠道，而一般直接从风险大小上进行了解，根据风险的大小，银行理财产品可以分为如下的类型。

- **保本型理财产品**：顾名思义，就是一款保证收益、零风险的产品，除了提前赎回、银行破产等非价格因素，保本型理财产品一般是不会亏本的。

- **保本浮动型理财产品**：又称为"结构性存款"，它是由普通存款和衍生产品组合而成的，它的风险主要来自于衍生产品这一部分，收益与汇率、利率、债券、股票、基金、指数等金融市场参数挂钩。

- **非保本浮动型理财产品**：是指银行根据约定条件和实际投资情况向客户支付收益，但并不保证本金安全，投资者自行承担风险。该产品投资渠道主要是期货、股票等市场。非保本浮动型理财产品是目前银行发行的主要理财品种。

2. 银行理财产品的几大要素

银行发布理财产品，投资者进行购买，在这个过程中，会涉及如图2-1所示的一些因素。

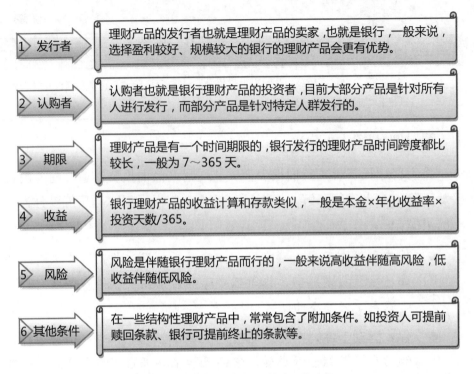

图 2-1　银行理财产品的主要因素

3. 银行理财产品的产品说明书——中国建设银行开鑫享

　　理财产品的产品说明书也叫作理财产品认购合同，是一款银行理财产品的凭证与说明，它详细地载明了该款产品的收益率、时间期限、风险等级、投资渠道、买卖双方的权利义务及其他重要内容。

　　以中国建设银行开鑫享为例，来看一份银行理财产品的产品说明书，主要内容如表 2-2 所示。

表 2-2　中国建设银行开鑫享主要因素

项目	产品因素
产品名称	"乾元—开鑫享" 2015 年第38期理财产品

Chapter 02
—— 银行理财，多样化产品组合 ——

续表

项目	产品因素
产品编号	ZH070415009058D02
产品类型	非保本浮动收益型
目标客户	收益型、稳健型，进取型，积极进取型个人客户
内部风险评级	2级
本金及收益币种	人民币
产品规模	产品募集上限为50亿元，不设下限 中国建设银行可根据市场情况等调整产品规模上下限，并至少于调整规模上，下限之日之前2个产品工作日进行公告
预期年化收益率	4.50%
产品认购期	2015年9月1日7:00至2015年9月6日17:00
产品工作日	产品存续期内每一银行法定工作日为产品工作日
产品成立日	2015年9月7日
产品期限	94天（不含产品到期日）
产品到期日	2015年12月10日
认购起点金额	5万元
追加投资金额单位	1 000元的整数倍
销售区域	全国范围

针对上表中的一些主要内容，下面进行一些简单的解释。

● **产品名称**：该产品的具体名称（银行名称、投资渠道等）及代码。

● **产品类型**：从风险大小分类上进行分类。

● **投资期限**：该产品的计息期时间，也就是投资期限。

● **产品募集期**：从发布该产品到产品计息开始的时间，同时也是公众购买的日期。

● **资金到账日**：产品结束后本金和收益到账的日期。

● **预期年化收益率**：根据往期收益和市场表现预估的收益率。

● **认购条件**：包括产品份额、上市地区等。

● **其他内容**：包括产品托管人、是否允许提前赎回、起点金额等内容。

4. 购买银行理财产品的流程

购买一份银行理财产品，从选择产品到获得收益，一般会经历如图 2-2 所示的操作流程。

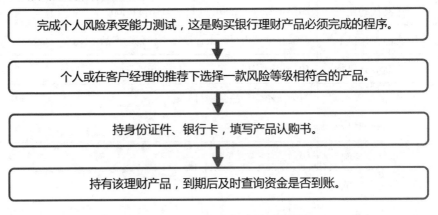

图 2-2　银行理财产品购买流程

02
不同银行的理财产品

在我国，几乎所有的银行都有自己的理财产品，这些产品都有自己的特点与投资策略，下面我们分别来介绍一些较为典型的银行理财产品，投资者可从中找到同类型产品的投资攻略。

1. 稳健型开放理财产品——中国工商银行保本稳利182天

对于一些老年人或是低风险承受能力的投资者来说，银行的稳健型理财产品是非常好的理财工具，下面我们来看看工商银行保本稳利 182 天的产品说明书与特点。具体的产品说明书如表 2-3 所示。

表 2-3 中国工商银行保本型个人 182 天稳利人民币理财产品主要内容

项目	产品因素
产品名称	中国工商银行保本型个人182天稳利人民币理财产品
产品编号	BBWL182
产品类型	保本浮动收益类
目标客户	保守型、稳健型、平衡型、成长型、进取型客户
内部风险评级	PR1
本金及收益币种	人民币
产品规模	本产品运作规模上限为300亿元，超过上限后，工商银行有权暂停申购，当产品存量低于5 000万元时，工商银行有权终止该产品，并至少于终止日前3个工作日进行信息披露
预期年化收益率	3.95%
产品起始日	2014年12月18日
产品工作日	产品存续期内每一银行法定工作日为产品工作日
产品成立日	本产品每周一、周四为投资周期成立日
产品期限	开放式无固定期限产品（182天投资周期）
产品到期日	投资周期结束日次日为资金到账日
认购起点金额	5万元
追加投资金额单位	1 000元的整数倍
销售区域	全国范围

在投资稳健理财产品时，需要注意的地方如图 2-3 所示。

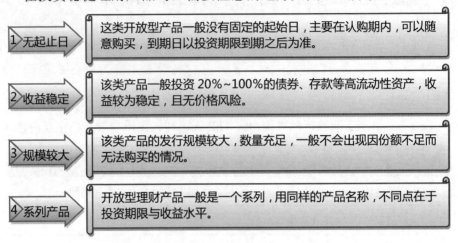

图 2-3　稳定型开放理财产品的注意事项

稳健性理财产品最适合一些没有任何投资经验的人，我们任何人都可以轻松参与其中。

2.　在中国工商银行网上银行购买理财产品

在网上银行同样可以很轻松地完成理财产品的认购，下面来看看在中国工商银行网上银行的具体操作。

Step01　登录中国工商银行网上银行，进入个人网上银行页面，在上方的菜单栏中单击"工行理财"超链接。

Step02　在打开的"购买理财产品"栏中会看到最新推荐的理财产品，设置产品筛选条件，单击"查询"按钮。

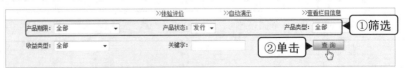

Step03 在打开的页面中即可看到该条件下所有的产品及投资期限与收益率，单击要投资的产品名称超链接。

Step04 在新打开的页面中即可详细查看该产品的说明书，在该页面下方单击"购买理财产品"按钮。

Step05 进入产品购买页面，输入购买产品的金额和购买的份数，单击"确定"按钮，在打开的页面中直接单击"确定"按钮，完成安全支付即可。

3.　结构性存款——招商银行挂钩黄金两层区间

通过前面的内容我们知道，当理财产品的收益率与利率、债券、股票、基金、黄金、指数等金融市场参数挂钩时，就是一种结构性存款，下面我们以招商银行挂钩黄金两层区间为例，来看看具体策略。

招商银行挂钩黄金两层区间产品说明书如表2-4所示。

表2-4 招商银行挂钩黄金两层区间理财产品主要因素

项目	产品因素
产品名称	招商银行挂钩黄金两层区间12个月结构性存款
产品编号	Q00090
产品类型	结构性存款
目标客户	保守型、稳健型、平衡型、成长型、进取型客户
内部风险评级	R1
本金及收益币种	人民币
挂钩标的	标价挂钩黄金价格水平为观察日伦敦金银市场协会发布的下午定盘价
预期年化收益率	3%或3.7%
认购期	2014年12月1日10:00至2014年12月3日11:00
产品工作日	产品存续期内每一银行法定工作日为产品工作日
产品成立日	2014年12月3日
产品期限	365天
产品到期日	2015年12月3日
认购起点金额	存款起点50万元人民币
追加投资金额单位	5万元的整数倍
销售区域	全国范围

4. 看清挂钩黄金两层理财产品的风险

黄金两层理财产品的风险是比较多样的，这些风险很有可能让产品无法达到预期收益。同时，黄金两层理财产品的风险也是银行理财产品结构性存款的风险，投资者需格外注意，具体如下所示。

- **本金及利息风险**：结构型存款有投资风险，招商银行仅保障存款本金，不保证存款利息，应充分认识投资风险，谨慎投资。本存款的利息为浮动利率。利息取决于挂钩标的的价格变化，受市场多种要素的影响。利息不确定的风险由存款人自行承担。如果在存款期内，市场利率上升，本存款的利率不随市场利率上升而提高。

- **政策风险**：该理财产品是针对当前的相关法规和政策设计的。如国家宏观政策以及市场相关法规政策发生变化，可能影响存款的受理、投资、偿还等正常进行，甚至导致本存款利息降低。

- **流动性风险**：结构性存款存续期内，存款人不享有提前终止本存款的权利。

- **欠缺投资经验的风险**：该理财产品的利率与挂钩标的的价格水平挂钩，利息计算较为复杂，故只适合于具备相关投资经验的存款人认购。

- **信息传递风险**：本存款存续期内不提供估值，存款人应根据理财产品说明书所载明的公告方式及时查询相关信息。因未接到银行公布的产品信息出现的损失，由投资者自行承担。

- **存款不成立风险**：在结构性存款起息日之前，国家宏观政策及市场相关法规政策发生变化，或市场发生剧烈波动，且经银行合理判断难以按照理财产品说明书规定向存款人提供该理财产品，则银行有权决定该产品不成立。

- **不可抗力风险**：由于自然灾害、战争等不可抗力因素的出现，将严重影响金融市场的正常运行，导致产品收益降低乃至本金损失，这类风险银行不承担任何责任。

5. 高风险产品——浦发银行同享盈添利计划

除了投资较为稳健的产品之外，理财市场上的高风险非保本浮动型理财产品也非常受欢迎，下面介绍浦发银行同享盈添利计划。具体产品说明书如表 2-5 所示。

表 2-5　浦发银行 2015 年同享盈添利计划理财产品主要因素

项目	产品因素
产品名称	浦发银行个人专项理财产品2015年第113期同享盈添利计划
产品编号	2301157316
产品类型	非保本浮动型
目标客户	保守型、稳健型、平衡型、成长型、进取型客户
内部风险评级	R4
本金及收益币种	人民币
预期年化收益率	6.30%
认购期	2015年3月11日至2015年3月24日
产品工作日	产品存续期内每一银行法定工作日为产品工作日
产品成立日	2015年3月25日
产品期限	175天
产品到期日	2016年3月24日
认购起点金额	5万元
追加投资金额单位	1万元的整数倍
销售区域	天津地区

6.　分析浦发银行同享盈添利计划的特点

与前面的产品类型一样，高风险非保本浮动型理财产品也有其自身的特点，投资者需要特别注意购买的细节，否则本金也可能遭受损失，下面以浦发银行同享盈添利计划为例来看看具体特点，如图 2-4 所示。

1	高风险非保本浮动型理财产品的收益率比一般的理财产品要高，适合风险承受能力较强的投资者。
2	高风险产品一般有管理费用，但如果理财计划的实际收益低于或等于预期收益，则银行不收取任何管理费。
3	从期限上看，高风险产品和普通产品一样，既有长期产品也有短期产品，不同期限的产品也存在收益区别。
4	浦发银行同享盈添利计划仅限天津地区销售，这也是高风险非保本浮动型理财产品地域销售限制的特点。
5	非保本浮动收益的产品绝大多数都在到期后按照预期收益率支付本息，不需要太长的刚性兑付限制。

图 2-4　高风险非保本浮动型理财产品的特点

7.　分析浦发银行同享盈添利计划的收益情况

除了对产品的特点进行分析外，因为非保本浮动型理财产品的收益会发生变化，因此需要对其价格走势进行分析。

当我们购买了浦发银行个人专项理财产品 2015 年第 113 期同享盈添利计划后，可以对浦发银行过往的产品收益进行了解，从总体表现上看看该款产品是否值得投资，具体如图 2-5 所示。

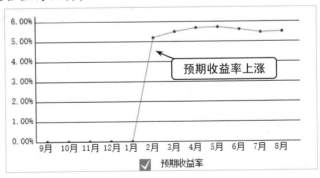

图 2-5　浦发银行最近 12 个月理财产品预期收益率

银行理财产品的预期收益率与各类金融数据对比，可以很好地找到该款产品的具体投资效益，避免出现市场风险，如浦发银行个人专项理财产品 2015 年第 113 期同享盈添利计划与 CPI 数据及银行定期存款利率的对比中看出，该款产品收益非常好，适合当前购买，如图 2-6 所示。

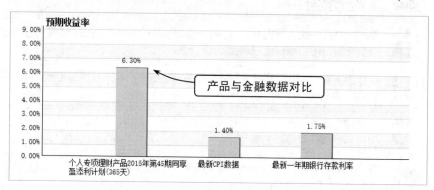

图 2-6　产品与金融数据的对比

8.　外资银行理财——汇丰银行双币投资

除了国内的银行，外资银行也是我们投资理财的好去处，在外资银行购买理财产品或进行理财，首选的就是双币投资。双币投资是一款结构性的投资理财产品，通过挂钩外币汇价变动来获得利润，下面我们来认识产品说明书的主要因素，具体如表 2-6 所示。

表 2-6　汇丰银行 3 个月人民币结构性投资产品理财产品主要因素

项目	产品因素
产品名称	3个月人民币结构性投资产品（2015年第157期）
产品编号	C1050115000170
产品类型	保本浮动收益类投资产品
目标客户	保守型、稳健型、平衡型、成长型、进取型客户
内部风险评级	R2
本金及收益币种	人民币
预期年化收益率	观察期内每日观察欧盟斯托克50（EURO STOXX 50）价格指数收市水平，若等于或高于期初水平的55%，则该日可获得年化收益率4.40%的累积回报

续表

项目	产品因素
认购期	2015年8月26日至2015年9月7日12:00
产品工作日	产品存续期内每一银行法定工作日为产品工作日
产品期限	3个月
认购起点金额	5万元
追加投资金额单位	1万元的整数倍

9. 汇丰银行双币结构性存款如何运作

作为外资银行双币结构性存款，汇丰银行 3 个月人民币结构性理财产品在运作上有如下的特点。

首先，在交易日选择产品结构类型、投资货币、挂钩货币、期限及协定汇率，确认一笔双币投资交易（最低投资金额为 17 000 美元或等值的其他货币），具体有如下所示的情况。

● 如果投资货币兑挂钩货币贬值或轻微升值，且未突破协定汇率，则到期时本金和票息将以投资货币支付。

● 如果投资货币兑挂钩货币升值，且突破了协定汇率，则到期时本金和票息将按协定汇率兑换成挂钩货币后以挂钩货币支付。

● 如果投资货币兑挂钩货币升值，且突破了协定汇率，但未触及到期部分保本执行汇率，则到期时本金和票息将按协定汇率兑换成挂钩货币后以挂钩货币支付。

● 如果投资货币兑挂钩货币显著升值，且触及或突破了到期部分保本执行汇率，则到期时将仅以投资货币支付投资本金的 80%。

除此之外，双币结构性存款在收益上还有如图 2-7 所示的运作流程。

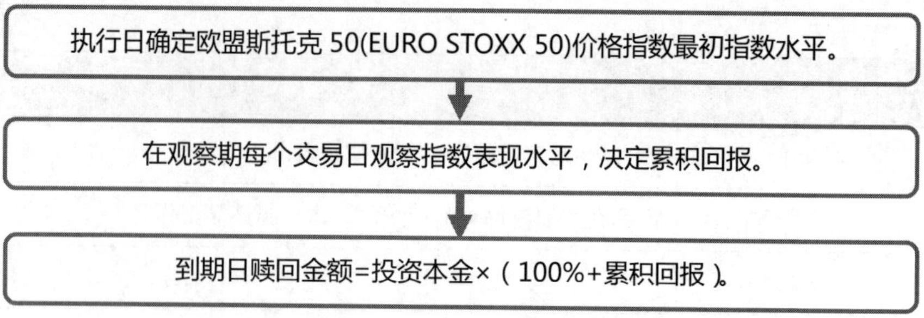

执行日确定欧盟斯托克 50(EURO STOXX 50)价格指数最初指数水平。

↓

在观察期每个交易日观察指数表现水平，决定累积回报。

↓

到期日赎回金额=投资本金×（100%+累积回报）。

图 2-7 双币结构性存款的收益运作流程

在这个过程中，以上面的产品为例，累积回报=累积回报上限 4.40%×（在观察期内表现水平等于或高于下限水平（55%）的预计交易日数总和/在观察期内预计交易日之日数总和）/4。

表现水平=最终指数水平/最初指数水平×100%

在外资银行进行投资理财时，最重要的就是需要看清外资银行的境外理财特点，同时外资银行有着较为复杂的收益计算方式，这与国内理财产品是不同的。

10. 超短期银行理财产品——工商银行灵通快线

有许多做生意的人群，他们的资金可能在短期内就会使用，这时可以选择投资超短期银行理财产品。

表 2-7 列举了"灵通快线"详细的产品说明书主要因素。

表 2-7 "灵通快线"超短期人民币理财产品主要因素

项目	产品因素
产品名称	"灵通快线"超短期人民币理财产品
产品类型	保本浮动型
目标客户	个人普通客户
内部风险评级	PR1

续表

项目	产品因素
本金及收益币种	人民币
产品规模	200亿元
预期年化收益率	1.7%
产品工作日	产品存续期内每一银行法定工作日为产品工作日
产品封闭期	2015年2月3日至2015年2月17日
产品期限	开放式无固定期限产品（182天投资周期）
产品到账日	到期日或提前终止日或提前赎回日后第2个工作日
认购起点金额	5万元
追加投资金额单位	10 000 元的整数倍
销售区域	全国范围

超短期理财产品一般有以下特点。

- 投资期限一般为 1 ~ 7 天，最长的可能有 15 天。

- 强调投资的稳健性，基本可以做到保本或保本浮动。

- 没有赎回时间限制，投资者可以随时赎回自己的资金。

- 产品一般为品牌产品，长期进行发售。

11. 如何巧妙地投工商银行灵通快线

灵通快线是一款非常好的超短期银行理财产品，我们可以从具体的操作上来巧妙应用，让闲钱时时刻刻有收益，具体如图 2-8 所示。

较高收益率	"灵通快线"超短期理财产品每日计息，按季分红，如遇加息收益随之上升，目前产品预期年收益率 1.4%~1.7%，是活期存款利息的近 4 倍。

图 2-8　超短期理财产品特点

投资限制较低	灵通快线超短期理财产品是一款人民币理财产品，首次最低购买金额为5万元，并且可以实时赎回，以后买卖只要按1000元的整数倍就可以了。
购买和赎回方式	购买方式也有两种，自动购买和自动赎回，即由投资者与银行签订自动理财服务协议，银行按照协议为投资者办理自动购买和自动赎回。
交易成本较低	和其他的理财产品相比，"灵通快线"超短期理财产品，免认购费，免赎回费，免收益税，最大程度降低投资者购买成本。
节假日投资	节假日是超短期理财市场最为火爆的时期，银行会发布专属于某个节日的产品，对于投资理财者而言，节假日有更多的闲置资金用于理财，而银行也会在这期间提高"灵通快线"的利率。
大额资金获利	超短期银行理财产品适合较大金额的投资，因为较小金额的投资可能没有太大的意义，但超大额金额投资赎回时可能会触动银行超大额赎回条款而造成暂停赎回。

图 2-8 超短期理财产品特点（续）

03
银行理财产品获利攻略

银行理财产品是一种较为基础且简单的投资方式，在投资过程中，从选择产品，到进行购买及收益分析，都有着自己独特的方式，在认识了不同的银行理财产品之后，下面我们来看看获利攻略。

1. 风险测评与产品评级

前面列举的每一款理财产品，都有一项产品等级，这是帮助投资者选择产品的第一关。对于产品风险等级的应用，一般是选择和自身风险承受能力相符合的产品，而个人风险承受能力是通过对个人财务的问卷得出的结果，当二者相符时，就可以购买该款银行理财产品。

不同的银行有着不同的产品等级划分，但基本上都分为高风险、中等风险及低风险 3 种，表 2-8 列举了中国工商银行理财产品的风险等级。

表 2-8　中国工商银行理财产品风险等级

风险等级	风险水平	等级说明	目标客户
RP1	很低	产品保障本金，且预期收益受风险因素影响很小	保守型、稳健型、平衡型、成长型、进取型或无投资经验的客户
RP2	较低	产品不保障本金，但本金和预期收益受风险因素影响较小	稳健型、平衡型、成长型、进取型或无投资经验的客户
RP3	适中	产品不保障本金，风险因素可能对本金和预期收益产生一定影响	平衡型、成长型、进取型的有投资经验的客户
RP4	较高	产品不保障本金，风险因素可能对本金产生较大影响	成长型、进取型的有投资经验的客户
RP5	很高	产品不保障本金，风险因素可能对本金造成重大损失	进取型的有投资经验的客户

在根据风险等级选择理财产品时，有如下需要注意的地方。

● 严格根据自己的风险等级选择理财产品，产品说明书中"适合客户类型"的介绍，超出承受范围的产品不仅有较大的风险，也可能被银行的内控拒绝，无法购买。

● 银行对理财产品的评级会根据当前金融市场的走势，由银行内部自行评定，这个评级标准一般不会轻易修改。不同银行的风险等级与产品评级是不同的，最好不要跨银行选择。

● 身边的亲朋好友会为我们推荐他们已经投资的理财产品，但每个人的财务情况不同，因此不要全部听信。

2.　为什么抢不到好的银行理财产品

在购买银行理财产品时，我们常常会发现很多期限及收益率都较好的产品，但在下单购买时却无法购买，下面来看一个例子。

邓师傅退休在家后开始研究理财市场，最近他看中了一款中国银行浮动保本理财产品，预期年化收益率 5.2%，期限 82 天，募集期是 3 天。

从目前的市场表现来看，这是一款非常好的银行理财产品，收益较高且稳定，期限也不长，因此邓师傅决定购买 20 万元该产品。

为了买到这款产品，邓师傅早晨很早就到银行门口排队，可是连续两天下来，邓师傅都被告知"今日份额已销售完毕"。到了第 3 天，邓先生第一时间冲进了银行，此时终于有了购买份额，于是他赶忙填好认购书，并向柜台递上了一张 20 万元余额的银行卡。

可是，邓师傅依然没有买到该款产品，银行工作人员告诉他，这款产品的起点金额为 50 万元，也就是说邓师傅的 20 万元无购买资格，一波三折，邓师傅始终没有买到心仪的产品。

以上邓师傅的情形就是没有看清银行理财产品的购买限制的例子，一般来说，在购买银行理财产品之前，需要我们看清产品说明书上的购买限制，具体内容如图 2-9 所示。

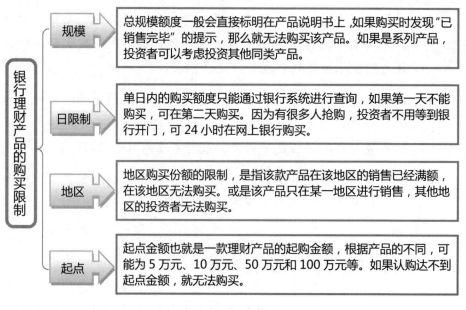

图 2-9　银行理财产品的认购限制

3. 注意银行理财产品的时间"陷阱"

前面我们说过，银行理财产品在时间上有募集期、计息期、结束日与到账日等几个关键的时间，如果看不清其中的"陷阱"，就会有下述小李一样的遭遇。

小李大学毕业后工作不错，一年之内攒下了5万元的积蓄，加上以前的一些存款，小李决定拿10万元来购买银行理财产品。

经过筛选，小李选择了一款建设银行年化收益4.2%，期限为91天的浮动保本型理财产品，并且顺利购买。

购买之后，小李就再也没有过问过这笔投资。直到90天满期之后，小李拿着自己的银行卡到 ATM 机器上查询，结果账户上根本没有任何返还的余额。小李心想或许是电脑系统拥堵原因。第二天，小李再次到银行进行查询，结果账户上依然没有返还的余额，这下小李急了，自己会不会被骗了呢？

经过咨询才知道，小李认购理财产品时正好是产品的募集期，需要3 天之后才是计息日。因此，此时，该款产品还没有到期，还需要过 3 天左右才可以查看收益。

在购买银行理财产品时，可注意如图 2-10 所示的几点内容。

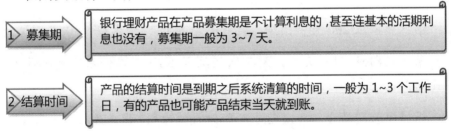

1 募集期	银行理财产品在产品募集期是不计算利息的，甚至连基本的活期利息也没有，募集期一般为3~7天。
2 结算时间	产品的结算时间是到期之后系统清算的时间，一般为1~3个工作日，有的产品也可能产品结束当天就到账。

图 2-10　银行理财产品的时间陷阱

因为以上两点所示的时间限制，又给银行理财产品的利息计算带来了变化，具体内容如图 2-11 所示。

银行理财产品到期后会自动将本息划转到活期账户，这就表示认购结束，如果没有支取，只会计算活期利息。

银行理财产品一般是不允许提前支取的，少部分允许提前支取的产品，支取后即表示结束认购，之前的认购期都不会计算利息。

银行理财产品会收取手续费，但有的银行从本金中收取，有的银行从利息中收取，一般是计算年化费用。

图 2-11　银行理财产品的利息计算方式

4.　银行理财产品的组合购买

在投资银行理财产品时，组合购买是非常有效的投资攻略，如果有10 万元的资金，分为两个 5 万元进行投资，会比直接投资 1 个 10 万元更加具有价值，下面来看一个例子。

张先生最近考虑投资 50 万元银行理财产品，经过筛选，张先生选择了 4 款理财产品进行比较。

第一款期限 42 天，预期年化收益率 3.8%，保本型，5 万元起购。

第二款期限 38 天，预期年化收益率 3.6%，非保本浮动收益，5 万元起购。

第三款期限 200 天，预期年化收益率 5.0%，保本型，10 万元起购。

第四款期限 212 天，预期年化收益率 5.2%，非保本浮动收益，20 万元起购。

根据中长期结合与各类起点金额结合的原则，张先生有"一三"、"一四"、"二三"、"二四"这四种选择方式，且每种方式中两款产品各投入25 万元。

如上述情况，如果选择"一三"组合，预期收益约为 7 942 元。

如选择"一四"组合，预期收益约为 8 644 元。

如选择"二三"组合，预期收益约为 7 785 元。

如选择"二四"组合，预期收益约为 8 487 元。

银行理财产品无论怎么选择，都和储蓄一样有如图 2-12 所示的几点组合原则。

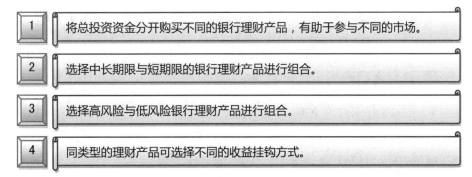

图 2-12 银行理财产品的组合原则

5. 银行理财产品四大攻略

银行理财产品千千万万，收益率、起点额度、投资期限、风险程度和最终的收益各不相同，作为普通投资者，如果掌握了其中的奥秘，就可以在合适的时机挑选出一款好的产品。

■ 选择小型银行

小型银行的理财产品预期收益要比大银行的高。从往年的年收益来看，银行理财产品预期收益与银行规模成反比。预期收益排前的往往是一些规模较小的地方商业银行等小型银行。

银行理财产品的拒绝兑付基本是不可能发生的，因此选择时也不必担心银行违约等情况，同时小型银行为了争取更多的资金，对投资者的一对一金融服务更加到位。

■ 选择月底季末购买

一般月末、季末、年末是银行吸筹存款最集中的时候，因此在这个时候发布的理财收益会比其他的时候高，投资者可以选择在此时购买，自然就可以获得较好的收益。

根据往年的经验，每年的 6 月份被称为"钱荒季"，也被认为是一年中购买银行理财产品的最好时节。

■ 降息之后购买

央行及商业银行对金融市场有着监管与引导的作用，不同的金融政策对银行理财产品的利率影响比较大。一般来说，在银行进行降息之后，银行理财产品的投资量会加大，但产品收益也将回落。

■ 盯住节假日

每逢节假日，银行理财产品里也会出现"打折"的好消息。节日时大家手里的资金会增加，银行发行理财产品的数量也较多，收益较好。

投资者的目光不妨关注"爱过节"的银行，在各大节日前夕选择一款理财产品，但在节日前购买理财产品时要注意产品的计息日是在节前还是节后。

Financing
—— 一看就懂的理财产品全攻略（图解版）——

第 3 章

债券理财，
稳健投资的选择

走出银行，理财还有非常广阔的市场与渠道。首先，作为稳健投资的选择，债券是放在第一位的。通俗来说，债券就是一种借款凭证，我们将钱借给别人，对方在还钱时需要支付一定的利息。

01
债券投资的基础

> 一个企业如果缺钱了，就会发行股票来进行融资，但除了股票，发行人还会发行债券。债券是一种有价证券，是承诺在一定的时期归还本金并支付利息的一种债券凭证。我们投资债券就是赚取其中的利息，并通过不同的策略来找到最佳的投资组合。

1. 看懂一份债券的票面因素

如今的债券都是电子式的，也就是说没有传统的纸质凭证，但债券还是需要从其传统票面进行。

传统的实物债券样式如图 3-1 所示。

图 3-1 "实物"债券

无论是有凭证的债券还是无凭证的债券，一般都有如下所示的票面因素。

- **借款人信息**：票面上必须载明借款人信息，也就是债券的发行主体，一般为"××公司债券"、"××银行债券等"。

- **票面价值**：债券上必须有票面价值，就是债券发行人在债券到期之后应该偿还给债券持有人的本金。另外，债券的面值与实际发行价格并不一定是一致的。

- **票面利率**：票面利率就是债券利息与债券面值的比例，是发行人承诺到期之后支付给债券持有人报酬的计算标准，从理财的角度理解就是债券的收益率。

- **偿还期**：偿还期是指在企业债券上载明的偿还债券本金的期限，即债券发行日至到期日之间的时间。

- **付息日**：债券付息期是指债券发行之后约定的付息时间。付息日不等于票面的到期日，它可以是到期一次性支付，也可以分为 1 年、半年和 3 个月支付。

- **其他内容**：其他内容是针对某些特殊的债券而言，上面标明了债券可否转让等信息。

2. 认识不同类型的债券

债券在发行时有凭证与没有凭证的区分，具体有如图 3-2 所示的几种。

记账式债券	记账式债券没有实物票券，投资者在债券账户中进行投资，我国的记账式债券一般可以利用证券交易所的交易系统来完成债券的投资。记账式债券也可以叫作账户债券或无纸化债券。
凭证式债券	凭证式债券并不是发行人制定的标准格式的债券，其票面上不印制票面金额，而是根据认购者的认购额填写实际金额。该债券可记名、可挂失，不能进行流通交易。
无记名债券	无记名债券的票面上不会载明投资人姓名，通常以实物债券形式出现，即券面上印有发行时间、券面金额等内容。无记名债券可随意转让，无须办理过户手续。
回购债券	回购债券也可以是一种交易方式，是指债券买卖双方在成交的同时，约定在未来某一时间以某一价格双方再进行反向成交的交易，也就是债券的发起人会对债券进行回购，而非还款。
柜台债券	柜台式债券是一种债券售卖的方式，一般是银行柜台或专门出售债券的地方进行发售，这种方式发行的债券一般有明确的金融机构标识，其他地方无法购买。

图 3-2 债券的不同发行方式

3. 债券的费率与收益计算

要投资债券，对费率的认识和收益计算是非常重要的，下面我们分别来进行了解。

■ 债券的费率

债券是通过证券交易所进行发行的，因此在交易时需要支付一定的费率。根据上海交易所截至 2012 年 9 月 1 日收费标准整理，具体的费率情况如表 3-1 所示。

表 3-1　债券费率收费标准

收费项目	国债	企业债	公司债	可转债
印花税	无	无	无	无
所得税	无	20%	20%	20%
经手费	成交金额的 0.000 1%（双向）	成交金额的 0.000 1%（双向）	成交金额的 0.000 1%（双向）	成交金额的 0.000 1%（双向）
证管费	免收	免收	免收	免收

■ 债券的收益计算

人们投资债券，最关心的就是债券收益有多少。一般来说，人们使用债券收益率这个指标来计算债券的收益，通常用年化收益率表示。但由于持有者在债券持有期内，还可以在债券市场进行买卖，赚取价差。因此，债券收益除利息收入外，还包括买卖盈亏差价。

决定债券收益率的主要因素，有债券的票面利率、期限、面值和购买价格。最基本的债券收益率计算公式为：

债券收益率=（到期本息和-发行价格/发行价格×偿还期限）×100%

由于债券持有人可能在债务偿还期内转让债券，因此债券的收益率还可以分为债券出售者的收益率、债券购买者的收益率和债券持有期间的收益率，计算公式分别如图 3-3 所示。

1 债券出售者的收益率=[（卖出价格－发行价格＋持有期间的利息）/（发行价格×持有年限）]×100%。

2 债券购买者的收益率=[（到期本息和－买入价格）/（买入价格×剩余期限）]×100%。

3 债券持有期间的收益率=[（卖出价格－买入价格＋持有期间的利息）/（买入价格×持有年限）]×100%。

图 3-3 债券不同情况下的收益计算

具体的计算方法，我们来看一个例子。

王先生今年 45 岁，从年轻的时候就有投资债券的习惯，下面是他投资债券时在不同时期的收益计算。

1995 年 1 月 1 日以 102 元的价格购买了面值为 100 元、利率为 10%、每年 1 月 1 日支付一次利息的 1991 年发行 5 年期国库券，并持有到 1996 年 1 月 1 日到期。

债券购买者收益率=[（100+100×10%-102）/102×1]×100%≈7.8%

债券出售者的收益率=[（102-100+100×10%×4)/（100×4）]×100%≈10.5%

1993 年 1 月 1 日以 120 元的价格购买了面值为 100 元、利率为 10%、每年 1 月 1 日支付一次利息的 1992 年发行的 10 年期国库券，并持有到 1998 年 1 月 1 日以 140 元的价格卖出，则债券持有期间的收益率=[（140-120+100×10%×5）/（120×5）]×100%≈11.7%。

最终，无论购买了多少该类债券，只需用购买数量的本金×上面计算的收益率即为最终收益。

4. 债券的回购与逆回购

在投资债券时，有一项操作是必须要涉及的，这就是债券的回购与逆回购。

■ **债券的回购**

债券回购是指债券交易的双方在进行债券交易的同时，以契约方式约定在将来某一日期以约定的价格，由债券的"卖方"（正回购方）向"买方"（逆回购方）再次购回该笔债券的交易行为。

> 债券回购的收益=成交额×年收益率×回购天数/360 天。

债券回购的收益远高于货币存款，同时不承担债券风险，因此是非常安全的。在上海证券交易所，债券的回购有图 3-4 所示的交易要点。

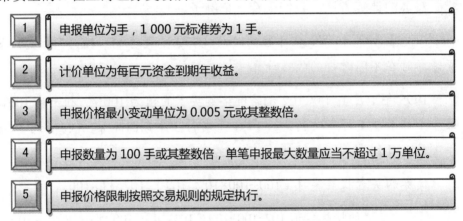

1	申报单位为手，1 000 元标准券为 1 手。
2	计价单位为每百元资金到期年收益。
3	申报价格最小变动单位为 0.005 元或其整数倍。
4	申报数量为 100 手或其整数倍，单笔申报最大数量应当不超过 1 万单位。
5	申报价格限制按照交易规则的规定执行。

图 3-4 债券回购的要点

■ **债券的逆回购**

债券逆回购为中国人民银行向一级交易商购买国债、政府债券或企业债券，并约定在未来特定日期将有价证券卖给一级交易商的交易行为，可以理解为第二次回购。债券逆回购的风险较低，安全性较高，是一种短期投资手段。

> 逆回购的收益=成交额 × 年收益率 × 回购天数/360 天。

债券的逆回购有如下所示的要点。

● **门槛**：深圳证券交易所 1 000 元起，上海证券交易所 10 万元起。

● **收益**：极为稳定，年化收益率一般在 3%～4%。

- 费用：按照持有天数的不同，从 0.001%～0.03%不等，国债一天、二天、三天、四天回购佣金水平为 10 万元，一天 1 元。

02
不同类型的债券产品

除了在上一节中介绍的债券按不同的发行方式分类外，债券还有国债、公司债、可转债等不同的产品，下面具体从每一种产品本身来找到债券的投资要点。

1.　稳健的国债投资——2015 年记账式附息（十九期）国债

国债，又称国家公债，是国家以其信用为基础，按照债的一般原则，通过向社会筹集资金所形成的债权债务关系。国债是由国家发行的债券，是中央政府为筹集财政资金而发行的一种政府债券。

国债的发行一般是以年份为单位，按期计算，表 3-2 列举了 2015 年记账式附息（十九期）国债的详细情况。

表 3-2　2015 年记账式附息（十九期）国债主要因素

项目	产品因素
公司名称	2015年记账式附息（十九期）国债
债券代码	019519
代码简称	15国债19
发布时间	2015年9月9日
上市日	2015年9月14日
发行额	300亿元

项目	产品因素
面额	100元
发行价	100元
期限	5年
年利率	3.14%
计息日	09/08
到期日	2020年9月8日
发行起始日	2015年9月8日
发行截止日	2015年9月10日
上市地	上海证券交易所
发行单位	财政部
还本付息方式	年付
发行方式	荷兰式招标
债券类型	固定

以上的这一款最新的国债产品，就是典型的记账式附息，一般会长期发售，稳健性的投资者可进行购买。

2. 老年人选择国债实行资产增值

国债因为有国家信用作为后盾，因此有非常稳定的收益率与信用度，同时又因为国债的投资期限较长，非常适合刚退休的老年人将积累的资金用于投资，下面我们来看一个例子。

张老师2015年从学校退休了，拿到了一笔退休金，为了让晚年生活的质量更好，张老师决定进行投资理财。

来到银行，张老师在理财经理的帮助下，完成了风险承受能力测试，张老师不适合参与高风险投资，只适合投资低风险产品。经过选择，张老师决定参与到国债投资中。

经过筛选，张老师挑选了两款比较好的债券，一种是 5 年期凭证式国债，票面利率 3.31%，另一种期限为 3 年，票面利率 3.27%。从表面上看，投资利率高的更好，但却有如下的限制。

从定期利率看，3 年期定期存款利率为 3.0%，第二款国债比它高0.27%，5 年期定期利率为 3.05%，第一款国债比它高 0.26，因此从投资效率看，第二款国债更好。

另外，这两款国债都有一定的规定，如果在时间为慢的情况下卖出，其利率会很低，并根据持有时间分级计算。

最终，从资金的灵活性与收益来看，张老师选择了 3 年期的第二款国债进行投资。

在购买国债时，需要注意如图 3-5 所示的几点内容。

1. 现在发行的国债主要有两种，一种是凭证式国债，一种是记账式国债，购买国债时，要根据自己的实际情况来选择哪种国债。

2. 凭证式国债从购买之日起计息，可以记名，可以挂失，但不能流通。投资者购买后，如果需要变现，可到原购买网点提前兑取。

3. 国债可进行提前支取，国债提前支取还要收取本金 1‰的手续费。

4. 国债的偿还方式有很多，如分期偿还、一次性偿还、抽签轮次偿还和以新替旧偿还等。

图 3-5　国债投资的要点

3.　在中国工商银行网上银行购买国债

国债的购买渠道很多，通过证券公司、国债销售网点都可以进行购买，而最方便快捷的是在网上银行进行购买，具体操作如下。

Step01 登录中国工商银行个人网上银行，在上方的菜单栏中单击"网上债券"超链接。

Step02 在打开的页面中，可以看到正在销售的债券产品，选择一款产品，单击其名称超链接，比如单击"2015年记账式付息（三期）国债"超链接。

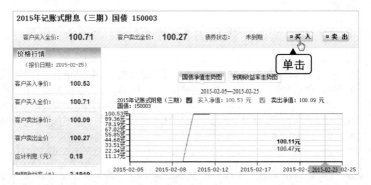

Step03 进入该款债券详细投资页面，查看具体价格数据和收益走势情况，单击"买入"按钮。

Step04 在打开的页面中输入购买债券的总面值，单击"提交"按钮，在新打开的页面中确认购买信息，单击"确定"按钮，完成安全支付即可成功购买该国债。

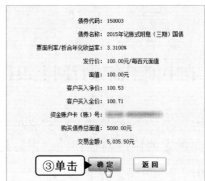

4.　追求收益的公司债——昆药 2015 年公司债

公司债券是指公司依照法定程序发行的，约定在一定期限还本付息的有价证券，从债务关系上看，公司债券的发起人是公司，是其向债券持有人出具的债务凭证。

昆药 2015 年公司债的详细情况，具体如表 3-3 所示。

表 3-3　昆药 2015 年公司债主要因素

项目	产品因素
公司名称	昆药集团股份有限公司2015年公司债券
债券代码	122412
代码简称	15昆药债
发布时间	2015年9月7日
上市日	2015年9月8日
发行额	3亿元
面额	100元
发行价	100元
期限	5年
年利率	4.28%
计息日	07/29
到期日	2020年7月29日
发行起始日	2015年7月29日
发行截止日	2015年7月30日
上市地	上海证券交易所
发行单位	昆药集团股份有限公司
还本付息方式	年付

项目	产品因素
发行方式	荷兰式招标
债券类型	固定

以上的这款昆药 2015 年公司债，其投资并不是购买债券那么简单，它也不像国债一样有稳定的收益。在投资公司债的时候，需要我们注意如下的投资细节。

- **公司债主体**：公司债发行时，通常有三个当事人，分别是发行公司、债券持有人或债权人、受托人（发行公司为保障及服务公司债持有人，所指定为银行或信托公司）。

- **发行条件**：企业性质必须是上市公司，实际操作中企业净资产应在 15 亿元以上。

- **期限**：注意投资的期限，一般在 5~10 年为最佳。

- **规模**：发行额度为净资产的 40%，最高可达几亿元、几十亿元甚至上百亿元人民币。

- **主要特征**：公司债券是有价证券，同时公司债券是一种流通证券，可以通过转让、抵押而流转。

5. 债券价格分析——11 蒙奈伦公司债收益情况

公司债的收益情况可以从其市场表现进行综合分析，下面我们以 11 蒙奈伦公司债为例来看看具体的方法。

首先从 2015 年某日 11 蒙奈伦公司债的价格分时图来看，在一天之内价格向下出现了一次波动，最终以低于开盘价的价格收盘，但因为债券的投资操作基本上都是较长期限的，因此分时图对买卖的指导并没有太大的作用，具体如图 3-6 所示。

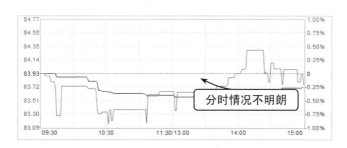

图 3-6 11 蒙奈伦年公司债分时图

从日 K 线图中可以看出，11 蒙奈伦公司债的价格在 2015 年 7 月之后，摆脱了之前的下跌趋势，开始出现一波上涨行情，对于在短期内购买的投资者可以进行买入，如图 3-7 所示。

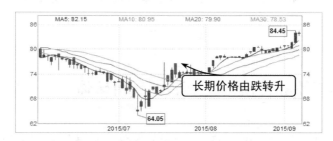

图 3-7 11 蒙奈伦公司债日 K 线图

与同行业债券的对比也是非常重要的，如将 11 蒙奈伦公司债与 15 海域投、13 中企债、09 广汇债和 15 恒大 02 等债券进行比较，会发现 11 蒙奈伦的收益比较好，适合购买。如图 3-8 所示。

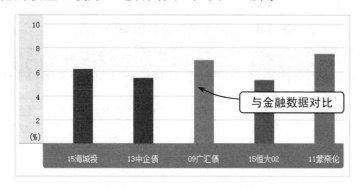

图 3-8 11 蒙奈伦公司债与同行业债券对比

将 11 蒙奈伦公司债目前的收益率与 5 年期定期存款进行对比，就会发现其投资价值远高于储蓄，且因为债券相对较为稳定，因此适合稳健性投资者将银行存款转到 11 蒙奈伦公司债中，如图 3-9 所示。

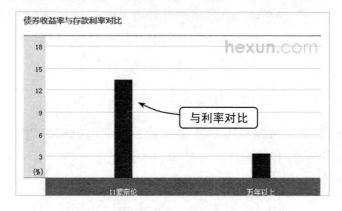

图 3-9　11 蒙奈伦公司债与利率对比

6.　股票与债券转换——上海电气可转债

可转换债券是债券的一种，可以转换为债券发行公司的股票，通常具有较低的票面利率。本质上讲，可转换债券是在发行公司债券的基础上，附加了一份期权，允许购买人在规定的时间内将其购买的债券转换成指定公司的股票。

下面我们来看上海电气可转债的详细情况，具体如表 3-4 所示。

表 3-4　上海电气可转债的详细情况

项目	产品因素
公司名称	上海电气集团股份有限公司
债券代码	113008
代码简称	电气转债
发布时间	2015年2月12日
上市日	2015年2月16日
发行额	60亿元

续表

项目	产品因素
面额	100元
发行价	100元
续存期间	6年
回售条件	转债持有人有权将其持有的可转债全部或部分按面值的103%回售给公司
首年利率	0.2%
每年增加百分点	0.3
计息日	2015年2月2日
到期日	2021年2月1日
每年付息日	2月2日
转股折扣率	0.00
回售价格(元)	0.00
转换期间	2015年8月3日至2021年2月1日
发行起始日	2015年2月16日
发行截止日	2021年2月1日
上市地	上海证券交易所
发行单位	上海电气集团股份有限公司
还本付息方式	年付
发行方式	荷兰式招标
初始转股价	10.7200

可转债之所以"可转"，是因为它具有以下三大特征。

- **债权性**：与其他债券一样，可转换债券也有规定的利率和期限，投资者可以选择持有债券到到期日后获得收益。

- **股权性**：可转债在转换成股票之后，原债券持有人就变成公司的股东，可参与企业的经营决策和红利分配，这在一定程度上会影响公司的股本结构。

- **可转换性**：可转换性是可转债的重要标志，债券持有人可以按约定的条件将债券转换成股票。一般来说，如果债券持有人不想转换，则可以继续持有债券，直到偿还期满时获得本金和利息；如果持有人看好发债公司股票增值潜力，便可以行使转换权，按照预定转换价格将债券转换成股票。

7.　分析上海电气可转债的转换价值

可转债转换成股票的操作非常简单，首先，转股操作必须在该可转债发债公告约定的转股期内的交易日进行，转股时间与股票和债券的交易时间相同。

其次，投资者必须通过托管该债券的证券公司进行转股申报。各证券公司会提供各自的服务平台将投资者的转股申报发给交易所处理。

我们在这里讲的转换，是分析一只债券有没有转换成股票的价值。

首先，电气转债的债券价格在某日上午为 132.98 元，也就是说，在此时转让债券可用这个价格卖出，如图 3-10 所示。

图 3-10　电气转债最新价格

此时我们需要通过债券发行公司或各大门户网站了解可转债的最新转换价格，电气转债的最新转换价格为 10.66 元，因此转股价值就是 132.77/10.66＝12.455 元。

从上海电气（601727）股票的价格来看，在某日上午的股价为 12.14 元，因此该只可转债目前并不适合转债，如图 3-11 所示。

图 3-11　上海电气最新价格

8.　可转债进行转换的条件与流程

在进行可转债转股时，如果分析价格可行，也不是随时都可以进行转换，还有如下所示的限制条件。

- 可转债要在转股期内才能转股。现在市场上交易的可转债转股期一般是在可转债发行结束之日起 6 个月后至可转债到期日为止，期间任何一个交易日都可转股。

- 可转债转股不需任何费用。

- 可转债一般都有提前赎回条款，当公司发出赎回公告后，要及时转股或直接卖出可转债，否则可能遭受巨大损失。

- 申请转股的可转债总面值必须是 1 000 的整数倍。申请转股后得到的股份为整数股，当尾数不足 1 股时，公司将在转股日后的 5

个交易日内以现金兑付。

在上海证券交易所，可转债的转换有如图 3-12 所示的流程。

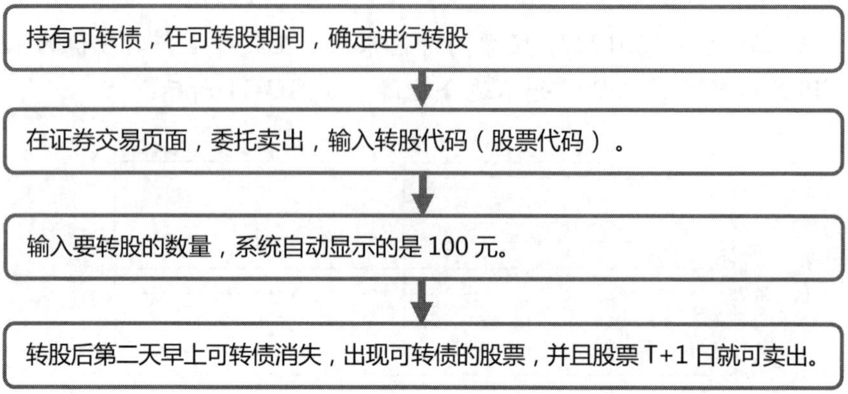

持有可转债，在可转股期间，确定进行转股

在证券交易页面，委托卖出，输入转股代码（股票代码）。

输入要转股的数量，系统自动显示的是 100 元。

转股后第二天早上可转债消失，出现可转债的股票，并且股票 T+1 日就可卖出。

图 3-12　可转债换换流程

03
债券获利攻略

债券的投资，并不是简单的买卖那么简单，要想在债市上获利，需要投资者掌握丰富的技巧及分析方法。本章的最后，我们简单来总结一些在债券投资中必备的攻略。

1. 债券的开户、委托、成交与交割

不管是投资哪种类型的债券，一次完整的债券投资都需要经历以下几点步骤。

■ 开户

要投资债券，首先需要选择一家可靠的证券公司办理开户手续。开户时要与之签订开户合同，投资者要提供个人基本信息与银行账户信息。

需要注意的是，上海证券交易所允许开立的账户有现金账户和证券

账户两种。现金账户只能用来买进债券，该账户用来支付买进债券的价款，证券账户只能用来交割债券。

■ 委托

开立了投资账户之后，普通投资者并不能直接进行交易，还必须与证券公司办理证券交易委托。

所谓委托，就是投资者向证券公司发出相关的委托指令，证券公司接到委托后，将指令及时传输到交易所进行成交。

■ 撮合成交

交易所接到指令后，就会将所有的指令进行撮合成交。

通常来说，在证券交易所内，成交必须遵循价格优先、时间优先和客户委托优先的原则。

■ 清算和交割

债券的清算是指在同一交割日对同一种债券的买和卖相互抵销，确定债券交割的数量和应当交割的价款数额，然后按照"净额交收"原则办理债券和价款的交割。

债券的交割就是将债券由卖方交给买方，将资金由买方交给卖方。在证券交易所交易的债券，按照交割日期的不同，可分为当日交割、普通日交割和约定日交割。

2. 巧妙利用债券门户网站——和讯债券

债券的发行、公告与价格走势图，发行人是不会直接通知认购者的，此时我们需要利用债券门户网站进行查看。

和讯债券（http://bond.hexun.com）是一个专业且全面的债券门户网站，下面我们来看看在上面可以查看哪些重要的债券信息。

在和讯债券网站，可查阅到目前债市上正在进行交易的债券产品，投资者可通过筛选快速找到认购的债券，如图 3-13 所示。

图 3-13　债券产品列表

许多投资者常常懊恼抢购不到最新的国债，在和讯债券网站，会及时公布最新的债券发行信息，如图 3-14 所示。

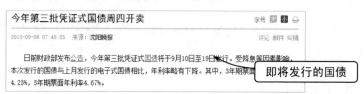

图 3-14　债券发行公告

在和讯债券网站上，对债券指数、个债的收益走势图都有准确的公布，帮助投资者更好地分析价格，如图 3-15 所示。

图 3-15　债券价格走势图

和讯债券网站有丰富的债券工具，图 3-16 所示的债券收益率计算器及买卖比较器，可以帮助我们计算债券的收益及对比债券。

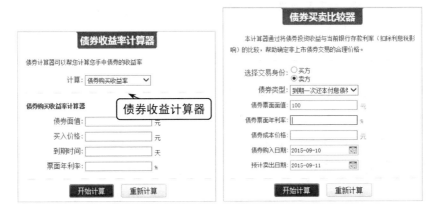

图 3-16 债券工具

3. 利用债券评级选择好的债券

在前面我们讲到，债券的发行必须有评级公司的评级，而评出来的级别就是我们选购债券的好帮手。

债券评级就是对具有独立法人资格企业所发行某一特定债券，按期还本付息的可靠程度进行评估，并通过不同的级别标示其等级，一般债券评级都有如表 3-5 所示的几个级别

表 3-5 债券的评级

级别	解释
A 级	A级债券的本金和收益的安全性是非常高的，虽然收益较低，但承受的风险比较小
B 级	B级债券本金的安全性、稳定性及收益较A级要低，具有一定的风险，但收益水平较高
C 级	C级债券的风险非常高，同时也会伴随较高的收益
D 级	D级债券一般不会出现在大众的视野中，对普通投资者也没有任何价值，它的收益和风险非常大，适合机构投资者

以上 4 种级别下还能划分更多的小级别，如 AAA 级、AA 级、A 级等，国内投资者一般适合选择 A 级、B 级及旗下的级别的债券，否则很可能出现极大的损失。

4. 简单的债券快速获利攻略

本章的最后，我们总结了一些较为简单的债券投资获利攻略，新手投资者可直接参考应用。

- 投资者必须正视债券的基本特征，债券作为稳定的理财产品，决定了它不可能像一些高风险产品一样有特别高的收益。另外，投资债券相对与其他投资工具要安全，但这仅仅是相对的，债券也会有亏本的风险，并不像存款一样"坐等利息"。

- 抓住买卖时机是债券投资比较重要的，一般来说，如果有基本面显示央行即将降息或已经降息，这对债券市场肯定是利好的，此时购买债券获利的可能性很大。另外，债市和股市都属于证券市场，如果一个公司发行的股票有明显的涨跌，那么其债券也会随相同方向变动。

- 债券也可以进行分散购买，如国债和企业债的组合，可以将风险分散，即获得保本的固定收益，又可以适当地冲击高收益。另外，从期限上看，虽然债券的持有期限都比较长，但投资者可以自由转换，进行长期与短期的组合。

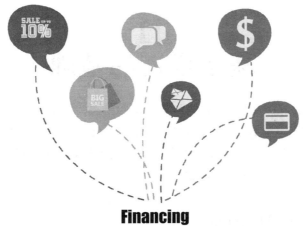

Financing

—— 一看就懂的理财产品全攻略（图解版）——

第 4 章

基金投资，
同时抓住保本与收益

除了债券之外，在理财市场上还有一款收益较为稳定的投资产品，这就是基金。相对于债券，基金的投资更加复杂，不仅需要投资者了解较多的产品知识，更需要实时关注价格走势，找到最佳的获利机会。

01
基金投资的基础

从书面上解释，投资基金是指按照共同投资、共享收益、共担风险的基本原则和股份有限公司的某些原则，运用现代信托关系的机制，以基金方式将各个投资者彼此分散的资金集中起来以实现预期投资目的的投资组织制度。下面我们来从基础认识基金。

1. 基金是如何运作的

要了解基金，就需要了解基金的运作方式，具体的步骤如下。

- **第一步**：基金公司设计产品、然后发行，卖给投资者后完成募集，把投资者资金汇集成基金。

- **第二步**：把这些资金委托投资专家——基金公司，来管理运作。其中，投资者、基金管理人(基金公司)、基金托管人(银行)通过基金合同的方式建立信托协议，确立投资者出资(并享有收益、承担风险)、基金管理人受托负责理财、基金托管人负责保管资金三者之间的信托关系。

- **第三步**：基金公司经过专业理财，将投资收益分予投资者。

2. 基金的种类

市场上的任何一种基金都是通过上面的方式完成运作的，但因为在上面第一步与第二步中，基金公司、发行方式、投资渠道是不同的，让基金形成了不同的种类。

作为普通投资者而言，参与基金投资之前必须要了解基金的所有种类，这对基金的正确操作与选择是十分重要的。

首先，从基金是否可随意赎回来看，可以将基金分为开放式基金与封闭式基金，具体含义如图 4-1 所示。

开放式基金

开放式基金的总规模不确定，在基金设立后，投资者可以随时申购或赎回基金的份额。开放式基金是世界各国基金运作的基本形式之一，也是目前我国基金投资的主要方式。

封闭式基金

封闭式基金其实是一种信托基金，指的是基金规模在发行前已确定，并且在发行完毕后的规定期限内，基金规模固定不变。在封闭期间，封闭式基金不能进行交易。

图 4-1　开放式基金与封闭式基金

除了以上的分类方式外，基金还可以从其投资渠道上进行分类，常见的投资渠道有股市、债券、期货合约、外汇等，具体内容如图 4-2 所示。

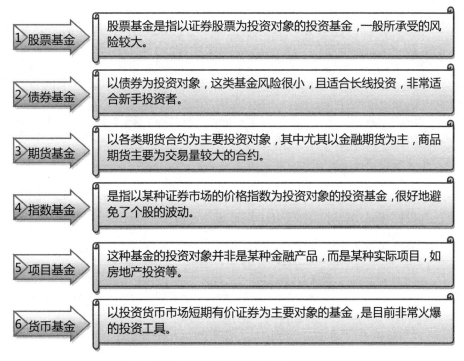

1 股票基金　股票基金是指以证券股票为投资对象的投资基金，一般所承受的风险较大。

2 债券基金　以债券为投资对象，这类基金风险很小，且适合长线投资，非常适合新手投资者。

3 期货基金　以各类期货合约为主要投资对象，其中尤其以金融期货为主，商品期货主要为交易量较大的合约。

4 指数基金　是指以某种证券市场的价格指数为投资对象的投资基金，很好地避免了个股的波动。

5 项目基金　这种基金的投资对象并非是某种金融产品，而是某种实际项目，如房地产投资等。

6 货币基金　以投资货币市场短期有价证券为主要对象的基金，是目前非常火爆的投资工具。

图 4-2　不同投资渠道的基金

3. 用基金净值计算基金收益

在基金投资中，最重要的一点就是收益的计算，因为基金不像银行理财产品一样有明确的预期收益率，也不像股票一样有详细的价格走势图。要计算基金收益，就需要用到基金净值。

基金净值，就是每份基金单位的净资产价值，等于基金的总资产减去总负债后的余额再除以基金全部发行的单位份额总数，开放式基金的申购和赎回都以这个价格进行。

要了解基金净值如何计算收益，首先我们来看两个不同的例子。

例 1：邓先生是一位对投资市场非常关心的人，他最近发现了一款基金正处于募集期，市场表现可能会很好，于是他用 2 万元认购了这只基金。

几个月后，该基金的基金净值涨到了 1.32 元，在这样的情况下，邓先生赚了 6 400 元。

例 2：王先生最近看上一款基金产品，申购时的基金净值为 1.146 元，他用 2 万元认购了该基金。

同样几个月后，该基金的净值涨到了 1.266 元，因此王先生的获利为 2 094.24 元。

为什么价格同样在上涨，同样投资 2 万元，而收益却明显不同呢，下面我们来认识基金净值的计算方法。

市场上的任何一款基金都有其基金净值的公布，如图 4-3 所示。

图 4-3 基金净值的估算

同时还有单位净值的走势图，这就给长期投资者展示了不同时期的

基金净值情况，如图 4-4 所示，

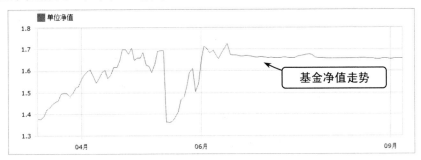

图 4-4　单位净值走势图

当有了一些数据之后，就可以进行收益的计算了，具体的方法如下。

● 在募集期购买的基金，所有的净值都是 1 元，邓先生以 2 万元认购该基金，即购买了 2 万份，其收益=20 000×（1.32-1）=6 400 元。

● 发行期购买：在发行期间购买的基金，其已经有了一定的基金净值，因此需要计算认购份额。王先生用 2 万元购买了净值为 1.146 的基金，即只能买到 20 000/1.146=17 452 份。在赎回时，收益=17 452×（1.266-1.146）=2 094.24 元。

● 在上述的计算中，并没有考虑认购手续费，基金认购与赎回是有手续费的，计算份额时需要格外注意。

4.　7 日年化收益率与每万份收益

在基金投资特别是货币基金中，除了基金净值之外，7 日年化收益率与每万份收益也是非常重要的。

■　七日年化收益率

七日年化收益率就是将货币基金最近 7 日的平均收益水平进行年化以后得出的数据。七日年化收益率一般会直接给出数据，人们习惯用收益曲线来表示它，如图 4-5 所示。

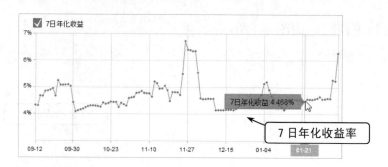

图 4-5　7 日年化收益率走势图

■ 每万份收益

每万份收益是从基金净值中衍生出来的数据，在货币基金中，每份单位净值固定为 1 元，万份单位收益，通俗地说就是投资 1 万元某基金，在当日获利的金额。具体也可以用走势图来体现，如图 4-6 所示。

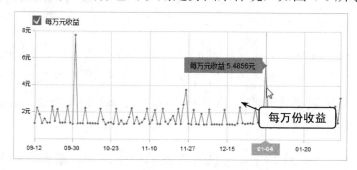

图 4-6　每万份收益势图

无论是使用 7 日年化收益率还是每万份收益，它们只能体现过去七日或是某一天的收益，不能体现长期收益。如一只基金在 7 天的收益比较高，可能意味着投资经理近期的操作风格比较激进，未来会出现较大幅度的下跌，这需要投资者格外注意。

5.　一只基金的投资流程

基金的投资整体流程比较简单，只需进行开户、认购、赎回等操作，具体如图 4-7 所示。

携带个人身份证到基金公司、银行开户，或在网上银行、基金公司网站自行开户。

完成风险测试，挑选一款适合自己的基金产品，下单买入。

持有购买的基金，并时刻关注基金的收益情况与基本面变化。

每日都可以获得收益，一定的时候进行赎回操作。

图 4-7　基金的投资流程

02
不同的基金产品

通过前面的内容，我们已经简单认识了基金及其投资的特点。和债券一样，基金也有不同的种类，如高风险的股票型基金、灵活的货币基金等，接下来我们就一起通过具体的产品，来找到不同基金的投资方式。

1.　高风险股票型基金——汇添富外延增长主题

股票型基金指的是投资于股票市场的基金。一般来说，股票基金有如下所示的特点。

- 与其他基金相比，股票基金的投资对象具有多样性，投资目的也具有多样性。

- 与投资者直接投资于股票市场相比，股票基金具有分散风险、费用较低等特点。

- 从资产流动性来看，股票基金具有流动性强、变现性高的特点。

- 对投资者来说，股票基金经营稳定、收益可观。一般来说，股票基金的风险比股票投资的风险低。

● 股票基金具有在国际市场上融资的功能和特点。

下面我们来看一款股票型基金的分析，首先来看看基金的基本信息，如表 4-1 所示。

表 4-1　汇添富外延增长主题基本信息

基金项目	内容
产品名称	汇添富外延增长主题
类型	股票型
管理人	汇添富基金
规模	72.48亿元
成立日	2014年12月8日
基金经理	韩贤旺等

以上的基本信息投资者可在认购基金之前简单了解，但在购买之后的价格分析，就需要格外注意。

汇添富外延增长基金以外延增长主题的上市公司为主要投资对象，即主要投资受益于并购重组活动而具有外延增长投资价值的上市公司，投资该板块的比例不低于 80%。

2015 年 6 月 30 日，投资股票权重前 8 名如表 4-2 所示。

表 4-2　汇添富外延增长权重股

股票简称	占净值比例(%)	持股基金(只)
万达信息	9.83	176
北陆药业	7.37	106
东方国信	6.93	108
金证股份	5.71	209
恒生电子	4.64	290

续表

股票简称	占净值比例(%)	持股基金(只)
赢时胜	4.15	60
常山股份	3.02	32
鼎捷软件	2.91	54

权重股总排名第一的万达信息（300168）在 2015 年下半年出现了较大幅度的下跌，如图 4-8 所示。

图 4-8　万达信息 2015 年 2 月~2015 年 9 月 K 线图

因此在汇添富外延增长基金的单位净值走势图中，2015 年下半年同样出现了下跌，如图 4-9 所示。

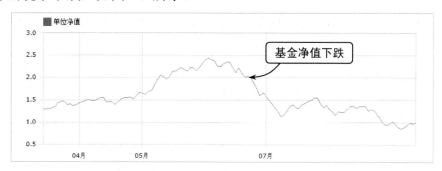

图 4-9　汇添富外延增长基金单位净值

从与沪深 300 及上证指数的对比来看，在 2015 年下半年，汇添富外延增长基金的表现不如股票市场，如图 4-10 所示。

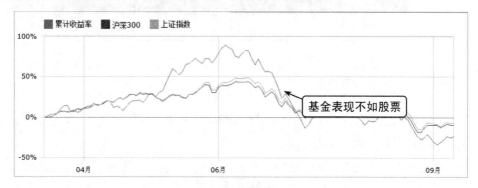

图 4-10   汇添富外延增长基金与股票指数对比

2.   汇添富外延增长基金的投资技巧

股票型基金作为一种风险较大的基金，它在牛市时会优于股市，而在熊市时则会差与股市，给投资者带来巨大的损失，要投资好汇添富外延增长基金，或是要参与其他股票型基金的投资，可从下面 4 个方面对基金进行分析。

- **分析营业指标**：对基金的基金分红、已实现收益和净值增长率进行分析，其中净值增长率是最主要的分析指标，最能全面反映基金的经营成果，确定基金是否值得投资。

- **分析风险指标**：反映基金风险大小的指标有：标准差、贝塔值、持股集中度、行业投资集中度、持股数量等，其中主要可以用净值增长率标准差衡量基金风险的大小。一般而言，标准差越大，说明净值增长率波动程度越大，基金风险越大。

- **分析组合指标**：依据股票基金所持有的全部股票的平均市值、平均市盈率、平均市净率等指标可以对股票基金的投资风格进行分析，通过对基金投资的股票的平均市值的分析，可以判断基金偏好大盘股、中盘股还是小盘股。

● **分析操作指标**：操作指标主要指基金运作费用，包括：基金管理费、托管费、营销服务费等，但是不包括：申购赎回费、投资利息费、交易佣金等，费用率越低说明基金的运作成本越低，运作效率越高。

3. 灵活的货币基金——华商现金增利货币A

货币基金也叫作货币市场基金，它是聚集社会闲散资金，由基金管理人运作，基金托管人保管资金的一种开放式基金，它是专门投资于小风险市场的产品。货币基金的风险极小，被称为是准储蓄，一般具有如图4-11所示的特点。

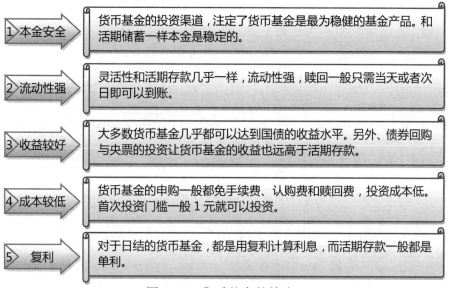

图4-11　货币基金的特点

在货币基金中，一般产品分为A类和B类，A类货币基金适合中小投资者投资，B类适合机构和大额投资者投资。A类货币基金的最低申购限制一般为1 000份，B类则为100万份起。

下面我们来看一款货币基金——华商现金增利货币A，其基础的信息如表4-3所示。

表 4-3　华商现金增利货币 A 基本信息

基金项目	内容
产品名称	华商现金增利货币A
类型	货币型
管理人	华商基金
规模	5.14亿元（2015年6月30日）
成立日	2012年12月11日
基金经理	晓晨

从价格分析来看，2015 年 5～8 月期间，华商现金增利货币 A 的收益率表现并不平稳，并出现了微幅的下跌，如图 4-12 所示。

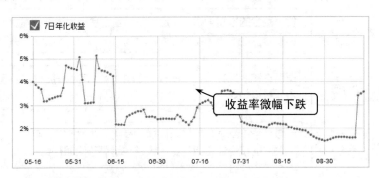

图 4-12　华商现金增利货币 A 基金 7 日年化收益率

华商现金增利货币 A 基金每万元收益情况表现在 5～6 月间并不稳定，此后表现平缓但并不好，如图 4-13 所示。

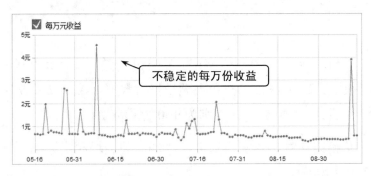

图 4-13　华商现金增利货币 A 基金每万份收益

从和股市的对比来看，华商现金增利货币 A 基金在近期的表现要好于股票市场，可适当进行购买，如图 4-14 所示。

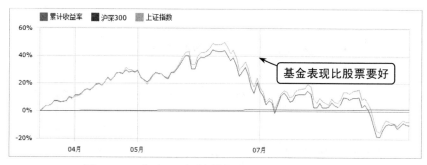

图 4-14　华商现金增利货币 A 基与指数对比

4.　分析华商现金增利货币 A 是否值得认购

在茫茫的基金市场选择一只好的基金是比较困难的，下面我们从几个方向来看华商现金增利货币 A 是否值得选购。

■　看规模

货币基金的价格谈判采用一对一的方式，资金量较大的一方议价能力更强，投资收益也更高。规模较小的货币型基金，为了应对赎回，持有现金比例往往会较高，这样用于投资的资金也会相对较少，收益也随之降低，而规模较大的资金应对大额赎回的能力也越强。

华商现金增利货币 A 当前的规模为 5.14 亿元，属于规模适中的产品，较为适合购买。

■　看时间

一只货币基金经过一段时间运作之后，其业绩的好坏已经经受过市场的考验，而一只新发行的货币基金能否取得良好业绩还需要时间来检验。此外，新发行的货币基金还有一个封闭期，封闭期内无法赎回，灵活性自然会受到限制。

因此一般来说，新手投资选择一只较老的货币基金是比较好的。

华商现金增利货币 A 于 2012 年 12 月 11 日上市，到如今已经经过了近 3 年的市场检验，不必担心新基金带来的风险。

5. 华夏债券基金 A、B、C 如何选择

在上一章中我们认识了债券的投资，而债券和基金结合，就形成了债券基金。

债券基金又称为债券型基金，是指专门投资于债券的基金，它通过集中众多投资者的资金，对债券进行组合投资，寻求较为稳定的收益。根据中国证监会对基金类别的分类标准，基金资产 80% 以上投资于债券的就是债券基金。

债券基金的运作方式和前面介绍的类似，在这里我们着重介绍债券基金中的 A、B、C 三种类型该如何选择。

首先要明白债券基金为什么会有 A、B、C 三款。其实 A、B、C 三类债券基金的区别并不是很大，其核心的区别在申购费上，具体内容如下。

- 如果是 A、B、C 三类基金，A 类一般是代表前端收费；B 类代表后端收费；C 类，无论前端还是后端，都没有手续费（管理费用在价格中提取）。

- 当只有 A、B 两类的债券基金时。一般 A 类为有申购费，包括前端和后端，而 B 类债券没有任何申购费。

- 另外还有债券基金为 A、B 类合并，这类债券基金前端和后端都会收费，而 C 类和前面一样。

下面介绍如何选择华夏债券基金 AB 类及 C 类债券。

某新手投资者最近有一笔闲钱，预计在 1 年左右的时间会使用这笔钱，他选择了华夏债券基金，但是在 A、B 类和 C 类上却出现了选择困难。

从单位净值走势来看，华夏债券基金 A、B 类债券在近期要高于 C 类债券，具体如图 4-15 所示。

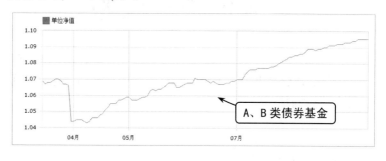

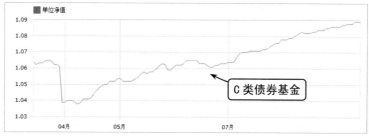

图 4-15　华夏债券基金 A、B 类与 C 类单位净值

虽然从价格上看适合选择 A、B 类债券，但是因为投资者的资金只允许投资 1～2 年，因此最好选择 C 类华夏债券基金

具体的判定方法如下。

- 如果投资者对投资期限没有任何判断，就可以考虑买 A 类基金。

- 如果确定长期投资，可以选择 B 类。

- 如果是短期投资，最好选择 C 类债券。

除此之外，债券基金虽然比较稳定，但并不适合所有的投资者，因为债券基金只有在较长时间持有的情况下，才能获得相对满意的收益。

同时，在股市高涨时，收益也还是稳定在平均水平上，相对股票基金而言收益较低，在债券市场出现波动时，甚至有亏损的风险。

03
基金获利攻略

除了对产品进行分析之外，基金在投资过程中还会用到非常多的技巧与攻略，从分析、建仓到开户、下单，都需要投资者谨慎把握，下面我们一起来看看基金投资的快速获利攻略。

1. 在银行网上银行购买基金

和债券一样，网上银行同样可以快速地买到看中的基金，其具体操作如下。

Step01 登录中国工商银行个人网上银行，在上方的菜单栏中单击"网上基金"超链接。

Step02 在打开的页面中即可看到很多新上市的基金产品，在上方有不同的基金种类，可以对其进行筛选，如这里选择"货币基金"选项，在下方的产品栏中选择要购买的产品，单击"购买"超链接。

基金代码	基金简称	产品种类	基金类型	基金状态	净值日期	单位净值	累计净值	日增长率%	优惠信息	操作
000009	易基天天货币A	开放式基金	货币型	正常	2015-02-05	1.2485 *	0.0487 *	0.0000	详情	购买 定投
000010	易基天天货币B	开放式基金	货币型	正常	2015-02-05	1.3153 *	0.0512 *	0.0000	详情	购买 定投
000324	华润元大货币A	开放式基金	货币型	正常	2015-02-05	1.1825 *	0.0458 *	0.0000	详情	单击

Step03 进入购买页面，查看该产品的详细信息，输入购买金额，单击"提交"按钮。

Step04 在打开的页面中确认购买信息，单击"确认"按钮，并完成银行安全支付即可成功购买基金。

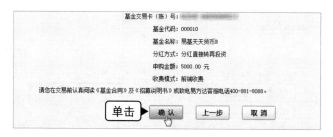

要注意的是，使用网上银行投资基金，需要完成和基金有关的风险承受能力测试，然后下挂一个基金投资账户。

2. 在南方基金公司开户

基金的投资渠道有很多，除了银行之外，基金公司也是重要的渠道之一，下面我们来看看如何在南方基金进行开户。

Step01 进入南方基金网站首页，在用户登录栏中单击"开户"按钮。

Step02 在打开的页面中选中不同的关联银行单选按钮，比如选中"工商银行"单选按钮，在打开的对话框中单击"下一步"按钮。

Step03 进入身份验证页面，输入姓名、银行卡号、身份证号码和手机号码，勾选"开户协议"复选框，单击"下一步"按钮，在打开的页面中输入手机收到的验证码，单击"下一步"按钮。

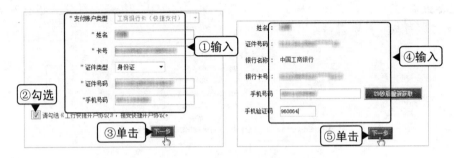

Step04 在打开的页面中输入银行卡开户银行名称。

Step05 在该页面下方输入个人基础信息，包括手机号码、通信地址、邮编、电子邮箱、性别、生日等，设置交易密码，单击"下一步"按钮即可完成基金账户的开立。

3.　适合年轻人积累的基金定投

和银行的零存整取一样，基金也有定期存入的方式，这就是基金定投。基金定投实际上也是认购基金，它的全称是定期定额投资基金，就是在固定的时间以固定的金额投资到指定的开放式基金中。基金定投的方式也很简单，与银行或基金公司签订定投协议，每月自动从银行账户中扣款用来认购基金。

此外，基金定投有如下的细节与技巧。

● 基金定投的起点金额较低，因此非常适合收入稳定但较低的人参与，学生族也可以选择基金定投。

● 基金定投的频率可以是一周一次，也可以是一月一次或一季度一次，有的产品还可以自由设置定投周期。

● 基金定投中可能出现漏存情况，需要在月末之前把钱存入，如果没有存入则构成违规，达到 3 次则会结束定投。

● 投资者进行基金定投的期限是可长可短的，一般为一年，最好大于或等于一个市场周期，也就是一个涨跌轮回，这样才具有投资价值。

● 赎回定投资金，视市场情况，可全部赎回，也可将其转为普通基金投资。

4.　在天天基金网进行基金定投

前面介绍了网上银行与基金公司的投资和开户，其实投资操作方式都是大同小异的，下面我们在基金门户网站——天天基金网进行基金定投。

Step01 进入天天基金网首页（http://fund.eastmoney.com/），在产品列表栏中选择要定投的产品，单击产品名称超链接，如单击"汇添富民营活力"超链接。

Step02 进入产品页面，查看该基金的具体数据与走势情况，单击"立即购买"下拉按钮，单击"立即定投"超链接。

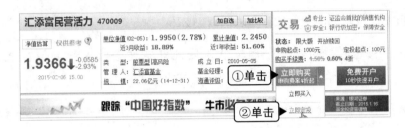

Step03 在打开的页面中设置扣款周期、扣款日期及定投金额，单击"下一步"按钮。进入确认定投信息页面中，输入天天基金网交易密码，单击"下一步"按钮即可完成定投。

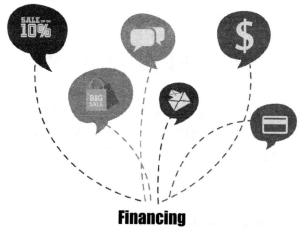

Financing

—— 一看就懂的理财产品全攻略（图解版）——

第 5 章

黄金投资，
理财升级的产品

黄金是一种最古老的通货，而如今的黄金除了扮演它本身的等价物与资产储备角色之外，更成了一种热门的投资理财工具，满足不同人群的投资理财需求，本章我们一起走进黄金市场，认识不同的黄金产品。

01
黄金投资的基础

> 从化学的角度来说，黄金是一种质地较软、颜色金黄、能抗腐蚀的有色金属。从金融的角度讲，黄金经历了从一般等价物到维持经济运行再到投资产品的过程，人们通过黄金价格的变化采用不同的投资方式，从黄金中获得投资价值。

1. 认识上海黄金交易所

黄金投资市场始于 20 世纪 70 年代，美国开始让人们自由买卖黄金，越来越多的普通民众有机会接触到黄金，黄金以其独特的价值和投资功能，让越来越多的投资者有兴趣参与黄金买卖。

我国的黄金投资市场发展比较晚，上海黄金交易所是我国投资者投资黄金最重要的场所。

上海黄金交易所是经国务院批准，由中国人民银行组建，在国家工商行政管理总局登记注册的，中国唯一合法从事黄金交易的国家级市场，交易所遵循公开、公平、公正和诚实信用的原则组织黄金交易

一般来说，普通投资者参与黄金的投资，需要注意上海黄金交易所对黄金交易的规定，如下所示。

- **量化：**上海黄金交易所实行标准化交易，黄金交易的报价单位为人民币元/克（保留两位小数），金锭的最小交易单位为千克，最小提货量为 6 千克。交易的商品有黄金、白银和铂金等。

- **时间：**周一至周五，早盘 8:50 ~ 11:30；午盘 13:30 ~ 15:30；晚盘 20:50 ~ 2:30。周五晚无晚盘，周一早 8:50 开始竞价，周一晚交易计入次日，依此类推周四晚计入周五交易，节假日休市。

- **交割：**实行"择库存入"和"择库取货"的交割原则，在全国 34 个城市设立 41 家指定交割仓库，会员可自由选择交割仓库存

入或提取黄金。黄金调配由交易所统一调运，保证交易后 3 天内拿到黄金。

- **费用**：按成交金额征收一定比例的手续费。黄金 T+D 手续费为 0.025%；黄金现货品种手续费率为 0.04%。

- **开户**：凡属国内热衷或需求贵金属实物与投资的机构及人员均可按上海黄金交易所的开户要求进行开户。在开户时，开户人需要提供相关手续及缴纳开户费用。

2. 宏观把握黄金投资的特点

黄金投资和其他产品不一样，不同的产品之间的区别往往比较大，首先我们需要从宏观上把握黄金投资的特点，具体内容如图 5-1 所示。

	特点	说明
1	安全性	黄金是全世界公认最佳保值的产品，与其他投资工具相比更加安全。
2	风险性	黄金的价格受多方影响，也会出现比较大的波动。
3	逆向性	黄金与货币逆向，货币因信用危机出现波动贬值时，黄金就会升值。
4	变现性	黄金市场实行 24 小时交易，可随时投资与离场。
5	稀有性	黄金存量有限，但需求量却呈直线上升，使得黄金投资十分火爆。
6	保证金	黄金投资大部分实行保证金交易，以最小的资金博得最大的利润。
7	统一性	黄金投资有统一的交易场所，实行统一的监管与交易。
8	选择性	黄金的投资方式丰富、渠道多样，可供投资者自由选择。
9	价格	黄金价格单日比较稳定，国内容易在夜间出现较大转变。

图 5-1　黄金投资的特点

3. 黄金投资必须要了解的术语

从本章开始，我们会接触到较为丰富的价格分析K线图及交易方式，这就需要投资者必须要了解一些专用的术语，不仅在黄金投资中需要使用，在后面的外汇、期货、股票中同样适用，具体如表5-1所示。

表5-1 投资术语一览表

术语	解释
开盘价	在一个交易日中第一次交易的成交价格，称为开盘价格
收盘价	在一个交易日中最后一笔交易的成交价格，称为收盘价格
最高价	即进行买卖的执行价格
成交价	一个交易日内出现的最高成交价格
最低价	一个交易日内出现的最低成交价格
多头	在一个时间段内，看好价格上涨的投资者
空头	在一个时间段内，看好价格下跌的投资者
买多	也称为做多、做多头，是对后市看涨的获利操作
卖空	也称为做空、做空头，是对后市看跌的获利操作
开仓	开始买卖黄金，即持有头寸
平仓	卖出所持有的头寸，即与开仓相反的多空操作
锁仓	选择挂单止盈和止损，暂时离开市场
强制平仓	因保证金不足或违反规定，被交易所进行的强制性平仓
平开	今日的开盘价与上一个交易日的收盘价相同
高开	今日的开盘价高于上一个交易日的收盘价
低开	今日的开盘价低于上一个交易日的收盘价
T+0	当天买入当天卖出的交易制度
T+1	当日买入，下一个交易日才能卖出，此外还有T+2、T+5等

续表

术语	解释
头寸	头寸指投资者拥有或借用的资金数量
合约	黄金交易所或期货交易所提供的黄金交易媒介保证
手	非实物黄金计量单位，不同产品一手数量不同
杠杆	现货黄金中保证金的比例
保证金	一种现货黄金与黄金递延的交易方式，用最少的资金博得最大交易成本
升贴水	金银币销售时，加工费和利润部分

02
不同的黄金投资产品

在黄金投资中，有传统的实物黄金投资，有低风险的纸黄金，也有风险较高的现货黄金，不同的投资者都可以找到适合自己的产品，下面来认识一些如今理财市场上非常火爆的黄金产品。

1. 认识传统的实物黄金——中国工商银行如意金条

黄金投资最传统的就是实物黄金，实物黄金有金币、金条、金饰等产品，具体的形态如图 5-2 所示。

图 5-2　不同的实物黄金

下面来认识一款金条——中国工商银行如意金•金条。

如意金是中国工商银行的贵金属黄金品牌，是中国工商银行自行设计具有自身品牌的实物黄金，带有"中国工商银行"标识，委托上海黄金交易所认证的合格黄金精炼企业铸造。

其如意金金条形态如图5-3所示。

图 5-3　如意金金条

如意金金条有以下投资要点。

- **成色**：Au99.99。

- **规格**：20g、50g、100g、200g、500g、1000g。

- **发行量**：不限量。

- **生产单位**：委托上海黄金交易所认证的合格黄金精炼企业铸造。

- **特点**：工商银行自主设计，刻有中国工商银行的 LOGO；价格透明，每日公布的挂牌价格，与国际市场黄金价格挂钩；规格齐全，包括多种规格，能满足馈赠和收藏等需求；回购服务，已在部分地区开通回购服务，客户只需携带如意金金条及相关证书、发票到指定网点办理即可。

2.　什么时候值得投资如意金金条

如今金条是非常好的投资品种，那么什么时候我们才可以投资它们呢？首先来看价格分析。

从 2015 年 3 月开始，工商银行 Au99.99 的价格出现了连续的下跌，而实物黄金是一手钱一手货的单项交易，因此在价格下跌时并不适合购买。到了 8 月下旬，价格跌至了最低点，此时出现一根较长的阳线，此后价格开始上涨，投资者可在此时进行抄底，买入如意金金条。具体走势如图 5-4 所示。

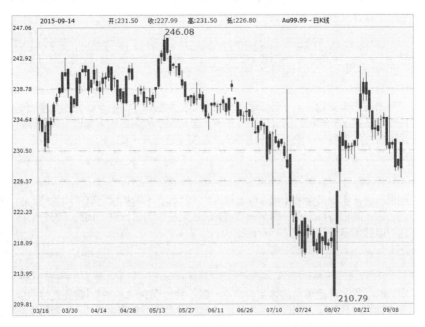

图 5-4　工商银行 Au99.99 在 2015 年 3～9 月的价格走势图

除了价格分析，还有以下的分析流程，可以帮助判断是否可以购买如意金金条。

- 首先要确定自己想要购买的金条类型，不同的金条价格变化是不同的，找准之后具体分析。

- 金条的价格都大同小异，如果在整体看盘时发现一种金条出现了较好的行情，可放弃其他金条，购买一种。

- 要及时准确地下单，购买量与购买时间要确定，以免错过最佳的时机。

- 对于短期投资的人来说，要随时看准盘面，在价格出现高点时卖出金条。

- 长期投资者也应该明确自己持有黄金的期限，如果出现牛市，不要错过了最好的卖出时机。

3. 如何在中国工商银行买卖如意金金条

在中国工商银行购买如意金金条，并不是直接去银行交钱就可以拿货的，而是需要经历如图 5-5 所示的流程。

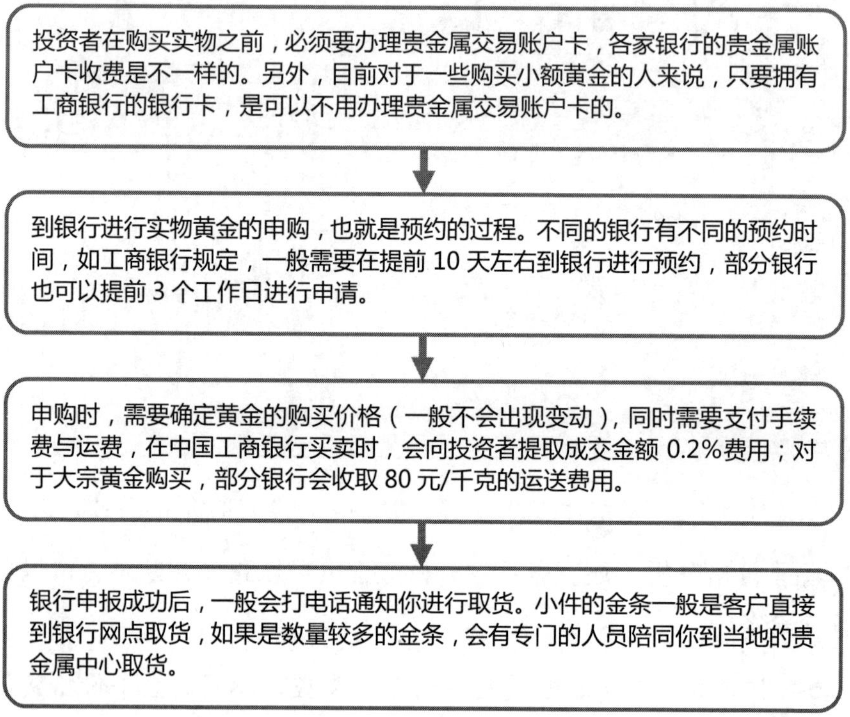

投资者在购买实物之前，必须要办理贵金属交易账户卡，各家银行的贵金属账户卡收费是不一样的。另外，目前对于一些购买小额黄金的人来说，只要拥有工商银行的银行卡，是可以不用办理贵金属交易账户卡的。

到银行进行实物黄金的申购，也就是预约的过程。不同的银行有不同的预约时间，如工商银行规定，一般需要在提前 10 天左右到银行进行预约，部分银行也可以提前 3 个工作日进行申请。

申购时，需要确定黄金的购买价格（一般不会出现变动），同时需要支付手续费与运费，在中国工商银行买卖时，会向投资者提取成交金额 0.2% 费用；对于大宗黄金购买，部分银行会收取 80 元/千克的运送费用。

银行申报成功后，一般会打电话通知你进行取货。小件的金条一般是客户直接到银行网点取货，如果是数量较多的金条，会有专门的人员陪同你到当地的贵金属中心取货。

图 5-5　如意金购买流程

黄金在进行回购时，需要注意黄金有固定的回收价格，一般略低于回收日的标准黄金价格，另外许多品牌黄金金店或银行，是不收取其他品牌的实物黄金的。

4. 简单的纸黄金投资——银行账户黄金

纸黄金也就是账户黄金，是一种不涉及实物，完全在账户中交易的黄金产品，具有单向交易、灵活、安全性高的特点。

下面我们来简单认识几种表现较好的账户黄金产品。

■ 中国工商银行账户黄金

中国工商银行纸黄金是指一种在工商银行账户中进行交易的纸黄金，一般被称之为"金行家"或工商银行账户黄金。主要内容如下。

- 人民币买卖起点为 10 克黄金；美元买卖交易起点 0.1 盎司黄金。
- 无法进行实物交割，没有储藏运输鉴别等费用，成本非常便宜。
- 周一至周五，实行 24 小时不间断交易，让交易更为方便与灵活。
- 交易方式多样，包括即时交易、双向委托等。
- 在工商银行柜台、电话银行或者网上银行均可交易。
- 资金结算速度快，划转实时到账，一般在当天或者第二天到账。

■ 中国建设银行账户黄金

建设银行的纸黄金产品被称之为"龙鼎金"，是投资者利用建设银行的账户进行交易的账户黄金，一般有如下所示的特点。

- 买入的起点单位为 10 克黄金，并且以 1 克为最小递增单位。
- 有不同的种类，按成色划分为 AU99.95、AU99.99 等种类。
- 交易的方式有两种，即实时和委托两种方式进行交易
- 交易时间为周一至周五 10:00～15:30。

■ 中国银行账户黄金

中国银行的账户黄金的产品被称之为"黄金宝"，是利用中国银行的账户进行黄金交易的一种，其具有如下所示的特点。

- 人民币的起点门槛为 10 克黄金；美元起点金额为 1 盎司。

- 中国银行纸黄金不直接收取手续费，手续费会直接反映在报价的价格差异中。

- 在中国银行可直接使用外币账户购买黄金，这也是中国银行纸黄金的特色之一。

- 交易的方式有实时交易和委托交易两种。

- 柜台交易时间为周一至周五 9:00～17:00，网上银行 24 小时交易。

5. 如何在网上银行投资账户黄金

在网上银行同样可以完成账户黄金的投资，具体操作如下。

Step01 登录中国工商银行个人网上银行，在首页上方的菜单栏中单击"网上贵金属"超链接。

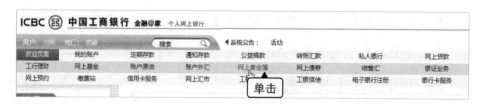

Step02 进入网上贵金属买卖页面，在左侧产品栏的人民币账户黄金中，单击"银行卖出价"超链接，在右侧的交易区中会自动设置买入价格，设置账号信息，输入买入的数量，单击"提交"按钮。

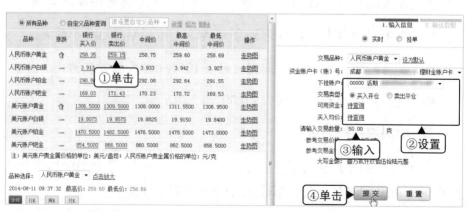

Step03 在新打开的页面中确认交易信息，并且在10秒之内单击"确认"按钮，最后完成安全支付即可成功购买。

6. 在银行柜台快速买到账户黄金

柜台购买纸黄金的流程相对较为简单，是一种传统的购买渠道，比较适合一些对网上银行不太熟悉的中老年投资者。但柜台交易最大的缺点就是容易错过最佳的交易机会，具体的步骤如图 5-6 所示。

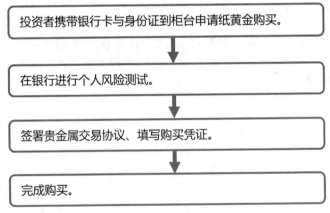

图 5-6　柜台购买纸黄金流程

7. 从价格分析找到中国建设银行纸黄金投资时机

不同的银行都有自己不同的账户黄金报价，虽然总体走势和国际金价相近，但也会有细微的差别。价格分析在账户黄金投资中是比较重要的，下面我们来看看如何通过价格分析找到建设银行纸黄金的投资时机。

建设银行纸黄金的价格在一天之内会出现连续的变化，并且波动较为剧烈，一般在早盘期间波动最大，投资者一般在上午 8:00 左右可以找到最佳的投资时机。如图 5-7 所示。

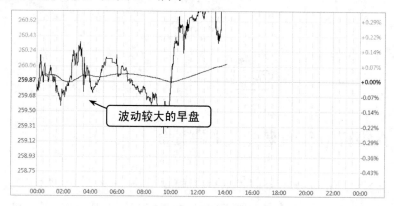

图 5-7　建设银行纸黄金分时图

在 2013 年全年的建设银行纸黄金价格日 K 线图中，会发现价格由 339.50 的高点跌到了 230.60 的低点，跌幅非常巨大，并且在涨跌过程中，会发现很长的 K 线柱体，价格波动剧烈，如图 5-8 所示。

图 5-8　建设银行 2013 年纸黄金日 K 线图

综上所述，短线投资者一般可以在早盘时进行纸黄金的买卖，而长线投资者则需要追涨或杀跌，在有明显涨跌信号时，后市可能会持续较长的趋势。

8. 高风险黄金产品——现货黄金

除了风险较低的和操作简单的黄金产品外，黄金投资还有一种较为复杂，且风险较高的产品——现货黄金。

现货黄金，就是俗称的伦敦金，它具有如图 5-9 所示的交易要点。

1 交易方式	现货黄金实行的是 T+0 的交易模式，即当天买当天就可以卖，资金利用率高，可方便投资者进行灵活选择。
2 双向交易	现货黄金实行双向交易，投资者可以先买入再卖出进行平仓；也可以先卖出再买入进行平仓，即可买涨也可买跌，无论行情涨跌都有获利机会。
3 即时成交	现货黄金交易只有不断随行情波动的买价和卖价两种价格，投资者只要愿意接受当时的价格，即可交易并且马上成交，不必担心成交不了。这是与国内各种黄金投资产品最大的区别。
4 交易时间	现货黄金的交易时间是各类黄金投资产品中最长的，每天 24 小时随国际不同黄金市场交易时间滚动开盘交易，投资者可以灵活根据自己的空余时间随时轻松交易，完全不受时间或地域的限制。
5 杠杆交易	现货黄金实行的是保证金交易形式，即利用杠杆进行入资，用最少的资金就可以获得最大的投资成本。现货黄金所交的保证金最低限额为 1%，比国内其他产品要低很多。
6 透明公开	现货黄金是在全球交易的黄金产品，无论价格走势还是交易模式都是透明公开的，保证了交易的公平性。同时，现货黄金成交量巨大，没有任何庄家可以控制其走势。

图 5-9　现货黄金的交易要点

9. 价格下跌时如何利用现货黄金获利——做空

现货黄金投资有一个重要的特点，就是可以进行双向交易，下面我们来看一个例子。

张先生是一位生意人，年收入颇丰，2015 年他开始参与黄金的投资，根据个人风险评估报告的结果，他最终选择了现货黄金的投资。

2014 年年底及 2015 年年初，现货黄金价格出现短暂的低谷，后市的表现不太明朗，因此张先生并没有进行任何操作。

到了 2015 年 2 月底，价格上涨到了一定的高点，在这样的情况下，张先生判断此后现货黄金价格会开始下跌，因此做了一笔空单。

此后现货黄金的价格虽然有所震荡，但总体呈现下跌趋势，到了 3 月中旬，价格下跌到了低点，张先生立刻平仓获利，

根据以上的情况，下面我们来看看现货黄金是如何做空获利的。

2014 年年底到 2015 年 2 月 3 日，价格出现上涨，如果投资者在年底做多现货黄金，2 月 3 日进行卖出平仓，就可以获利，这是传统的低买高卖投资，如图 5-10 所示。

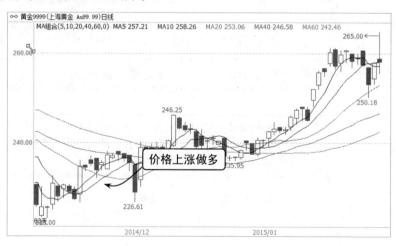

图 5-10 现货黄金价格上涨做多

价格在 2 月 3 日之后出现了大幅度的下跌，如果投资者在 2 月 3 日

卖空现货黄金，到了 3 月 18 日进行买入平仓，同样可以获利，这就是价格下跌时如何利用现货黄金获利的方法，如图 5-11 所示。

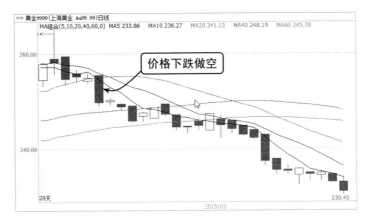

图 5-11　现货黄金价格下跌做空

10.　在投资机构开立现货黄金账户

普通投资者无法直接参与交易所的黄金交易，因此人们进行现货黄金的投资，往往是在黄金交易所旗下的会员处进行的，下面我们在一个黄金投资机构进行现货黄金的开户。

Step01　进入金荣中国贵金属投资机构首页（http://www.jrjr.hk/），在其页面右侧单击"开立真实账户"按钮。

Step02　在新打开的页面中选择账户类型，设置个人相关信息，包括姓名、性别、身份证号码、个人手机号码、电子邮箱及信息接收方式等，单击"同意以下协议并继续"按钮。

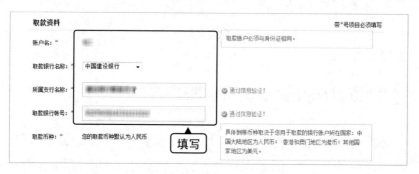

Step03 在新打开的页面中，填写取款资料，包括账户名、所属支行名称等。

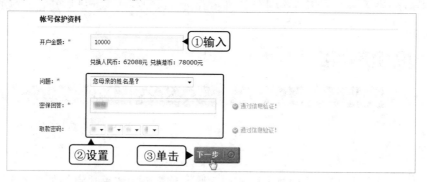

Step04 该页面下方继续输入开户的金额，设置密码安全问题与答案，设置取款密码，单击"下一步"按钮。

Step05 在打开的页面中确认开户信息，单击"确认资料"按钮。

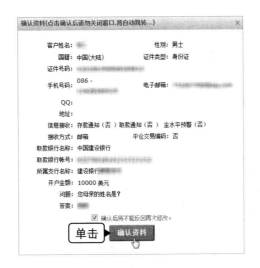

Step06 在新打开的页面中单击"获取验证码"按钮，将手机收到的验证码输入文本框中，单击"下一步"按钮。

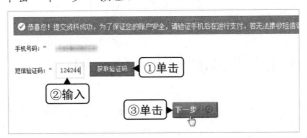

Step07 最后选择支付方式即可完成开户。系统会将交易账号及密码发送到您的手机中，在该账户中注资后便可进行交易。

11. 适合国内投资者的黄金投资——黄金 T+D

在黄金投资中，有一种投资方式叫作黄金 T+D，又称黄金递延业务，它是由上海黄金交易所统一制定的、规定在将来某一特定的时间和地点交割一定数量标的物的标准化合约。

黄金 T+D 主要有如下的投资细节。

● 黄金 T+D 实行的是保证金交易,保证金数额为投资金额的 10%。

● 交易单位 1 千克/手，最小价格变动 0.01 元/克。

- 黄金 T+D 由上海黄金交易所进行自由报价,最后进行撮合成交。

- 合约到期后,黄金 T+D 需进行实物交割来进行结算,也可以看作兑换实物。

- 黄金 T+D 的交易有三大原则,分别是集合竞价制度、首付款制度与违约金扣除制度。

- 黄金 T+D 因为是国内专属的黄金投资产品,有如下的投资时间。早市: 09:00 ~ 11:30; 午市: 13:30 ~ 15:30; 夜市: 21:00 ~ 02:30; 周六、周日不开盘。

- 在交易时间内,黄金 T+D 的递延费收取一般为持仓金额的 0.03%。

- 黄金 T+D 的投资渠道有黄金经纪公司与银行。

12. 不同的价格区间如何投资黄金 T+D

黄金 T+D 是适合国内投资者参与的黄金产品,那么在时间上我们可以有哪些技巧呢? 具体如图 5-12 所示。

1	黄金 T+D 的价格处于底部时,上涨的幅度会很大,可以在价格高时做空低时做多。但对于保守型投资者,此时不适合下单。
2	上升阶段黄金 T+D 价格,会有一股强烈上升的势头。该阶段初始时期,应是投资者勇敢追买的最佳时机。
3	黄金 T+D 价格上升阶段的最后时期,此时行情很难再上涨并有下跌的趋势,在此阶段,在上涨前期的中长期做多的操作应尽快出手。
4	完成了一个价格上涨周期后,黄金 T+D 的行情开始出现下跌,此时有可能会出现较大幅度的下跌,可进行做空操作。

图 5-12　黄金 T+D 投资时间技巧

03
黄金获利攻略

前面介绍了4种黄金投资方式及丰富的黄金产品，然而黄金投资还有很多衍生的投资方式与产品，同时还可以采用不同的组合方式让黄金充分发挥其获利的作用。

1. 用黄金进行积累——黄金定投

黄金定投也叫作黄金积存，就是每月以固定的资金按照上海黄金交易所 AU9999 的收盘价购买黄金，而积累的黄金克数可以按照兑换日上海黄金市场价格兑换成现金，或者相应克数的金条。

黄金定投有如下所示的交易要点。

● 黄金定投起步金额为 100 元，最高限额为 20 000 元。

● 在交易时间上，黄金定投时间与上海黄金交易所的交易日一致。

● 黄金定投的手续费相对比较低，如中国工商银行手续费率为 0.5%。

在中国工商银行网上银行可以轻松完成黄金定投的办理，具体操作如下。

Step01 登录中国工商银行个人网上银行，在首页上方的菜单栏中单击"网上贵金属"超链接。

Step02 在新打开的页面左侧选择"账户贵金属定投/设置账户贵金属定投"命令，在右侧的操作区中设置定投情况，包括品种、账户、定投数量、定投周期、定投期限等，单击下方的"提交"按钮。

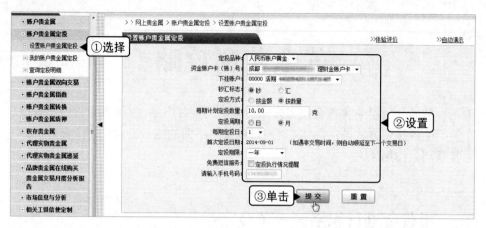

Step03 在打开的页面中确认定投信息，单击"确认"按钮完成定投，此后每月由系统自动从账户中扣款。

2. 不同的黄金定投——中国工商银行黄金积存

积存金是中国工商银行推出的一种黄金业务，它是全国首款以"日均价格灵活积蓄"的权益凭证式低风险黄金投资产品，它和黄金定投主要有如下的区别。

- 积存金手续费为 2%，黄金定投为每克 1 元。

- 积存金最低 200 元或 1 克，黄金定投最低 100 元。

- 积存金可以兑换金条或现金，黄金定投还可兑换首饰。

- 积存金采用银行报价，黄金定投采用黄金交易所报价。

- 积存金只能在一家银行办理，黄金定投选择较多。

● 积存金可主动积存，也可以进行定期积存，这是它与黄金定投最大的区别。

下面来看看如何进行积存金的主动积存。

Step01 登录中国工商银行个人网上银行，进入个人贵金属页面，在左侧选择"积存贵金属/主动积存"命令，在右侧的交易栏中确定积存金当前价格，输入积存金额，系统自动计算积存份额，单击下方的"提交"按钮。

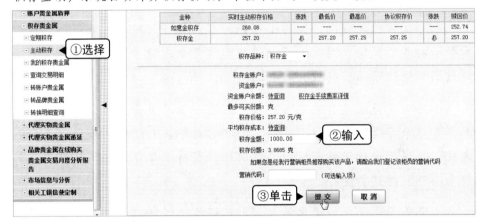

Step02 在新打开的页面中确认交易信息，并且在10秒之内单击"确认"按钮，完成积存金主动积存。

如果要进行积存金的定期积存，只需选择定期积存进行签约即可。

3. 不同的人群如何选择黄金产品

前面已经介绍了很多黄金产品，有不同的风险大小，那么我们该如何选择呢，首先来看一个例子。

小邓是一名刚参加工作的年轻人，他们一家人都比较具有投资眼光，常年来一直坚持进行黄金投资，主要有以下的一些。

小邓本人作为刚参加工作的年轻人，暂时没有个人家庭的支出，也没有赡养父母的压力。因此他选择了银行纸黄金的投资，希望可以增加额外的收入，另外为了稳定，他还选了进行积存金投资，每月拿出部分工资定投，避免成为"月光族"。

小邓父亲收入较高，因为小邓已经参加工作，所以压力较小，可以承受一些投资风险。因此他开始进行现货黄金或黄金期货的投资，希望通过高风险的产品获得最大的利润。

小邓母亲虽然没有太丰富的投资经验，但其黄金首饰也属于投资产品，在未来可能实现保值。另外，小邓的母亲为儿子的将来做了充分的考虑，在银行进行了黄金定投，目前已经坚持了几年，这笔钱可以作为将来小邓的结婚资金。

小邓爷爷作为已经退休的老人，已经没有任何经济收入，小邓爷爷用自己的积蓄购买了实物黄金，一是希望对抗通货膨胀，二是希望这笔财富可以进行有效的传承。另外，收藏类实物金币也是增加晚年生活乐趣的投资方式。

以上小邓一家人的黄金投资计划，非常科学地把握了黄金产品的特点，那么不同阶段的人应该如何选择，具体如图5-13所示。

1. 作为年轻人，个人就业起步阶段，收入较低，此时较为适合购买黄金定投类产品或是账户黄金。

2. 成家立业后，支出非常大，个人结余往往较小，此时可选择实物黄金或账户黄金作为保值投资产品。

3. 达到事业的最高峰，也是收入最大的阶段，可以选择一些高风险黄金产品，并且用于财富的传承。

4. 当在退休之后，几乎没有任何收入，此时要投资黄金，最好选择实物黄金或是一些低风险产品。

图 5-13　不同阶段的人选择黄金投资的方法

4. 黄金投资产品的组合

组合投资在任何理财工具中都是非常有效的，如果投资者专注于黄金投资，可参考下面的几种组合方式。

■ 长线+短线

长短线结合是非常实用的方式，将长期产品与短期产品结合起来，可以锁定不同期限的利润。在长线投资中，按照 K 线图分析买卖时机，而在短线中，利用日内或一周内的价格变化来规避风险。

黄金投资中，除了实物黄金是适合长期投资的产品之外，其余的产品一般既可长期持有也可短期持有，投资者可自行组合。

■ 账户 1+账户 2

将总投资资金分为两笔或多笔投资资金，开设多个账户用于产品的投资，能够在风险来临时灵活应对，不影响获利也不影响正常生活，同时还可以适当进行加仓。

黄金产品的交易会支付手续费，因此分笔进行交易时，一定要将交易成本算在其中。

■ 高风险+低风险

在黄金投资中，将高风险产品或操作较复杂的产品（如黄金期货、现货黄金）与低风险、操作简单的产品（如纸黄金、实物黄金）相结合，可以更好地应对市场变化，并且有更大的获利空间。

不同风险的产品可带来不同的利益，同时也不至于在熊市来临时出现巨大的损失。

5. 黄金价格受哪些因素的影响

黄金是一种在全球流通的投资产品，任何一个国家或地区的黄金价格出现变动，都可能改变国际黄金价格，因此无论我们选择哪种产品进行投资，分析影响金价的因素是非常重要的。

本章的最后，我们简单总结了一些影响金价的因素，具体内容如下。

● GDP 增长放缓，预示着较低的消费需求，这就抑制了黄金价格，反之金价则会升高；当 GDP 增长放缓时，往往会引发资本市场的回调及避险情绪的产生，这反而会在短线尺度上推升黄金价格。

● 当出现通货膨胀时，人们会将资金转向投资市场，黄金需求量增大，价格自然出现上涨。

● 当各国之间因为经济原因汇率出现变动时，黄金价格也会随之出现正向变动。如人民币/美元汇率的上涨，国际黄金价格就可能下跌。

● 国内存款利率下跌，资金流向黄金市场，造成黄金需求量大，价格的上涨；国内存款利率上涨，资金流出黄金市场，造成黄金价格的下跌。

● 一般来说，每年的上半年黄金现货消费相对处于淡季，黄金价格较低。从三季度开始，受节日等因素的推动，黄金消费需求会逐渐增强，到每年的春节，受亚洲国家的消费影响，现货黄金的需求会逐渐达到高峰，从而使得金价走高。

Financing
—— 一看就懂的理财产品全攻略（图解版）——

第 6 章

外汇投资，
玩转国际市场

如今人们出国工作、求学、旅游的机会越来越多，接触外汇的机会也随之增加，所谓的外汇投资，就是我们常说的炒外汇，即人们利用汇率的变化来获利。在这个过程中，我们会接触很多外汇产品及投资方式，下面我们来详细认识它们。

01
外汇投资基础

> 要进行外汇的投资，并不像其他产品一样直接就可以通过价格买卖来获利，我们还需要认识外汇的种类、汇率的标价方式及银行外汇业务，这些都是外汇投资的基础。

1. 简单认识什么是外汇

外汇，它不仅仅指外国的钱，还包括货币行政当局（如中央银行、货币管理机构、外汇平准基金及财政部等）以银行存款、财政部库券、长短期政府证券的方式保有的在国际收支逆差时可以使用的债权。

我们进行外汇的投资，一般是参与如下几种外汇工具。

- 外国的货币，包括纸币和铸币。

- 外币有价证券，包括国债、政府证券、公司债券和各交易市场上市的公司股票。

- 外币支付凭证，包括票据、汇票、银行存款凭证、邮政储蓄凭证等。

- 特别提款权和欧洲货币单位。

- 其他具有外汇价值的资产，黄金在某些程度上也可以称为外汇储备。

各国之间的交流使得外汇交易更加完善与成熟，国际外汇市场形成，在这个市场中，外汇交易有如图 6-1 所示的特点。

时间连续性	因为全球各个地方外汇市场的位置不同，每个交易市场的交易时间不同，但如果将每个交易市场连接起来，就形成了一个 24 小时不断交易的市场。理论上来说，投资者上午在纽约市场买入了某外汇，而晚间又在香港市场将其卖出。

图 6-1 外汇市场的特点

有市无场	外汇买卖是通过同一操作市场的网络或者电话进行的，它没有集合的交易地点。虽然没有"官方"的交易场所，但全球的外汇交易者都认同这样的方式，并且都通过这个网络进行外汇交易，这种没有场地却集中的交易被称为"有市无场"。
零和市场	全球各个国家发行货币的量虽然有所不同，但无论如何变化，其总量对每个交易者来说都是一定的，这就使得外汇市场成为了一个零和市场。所谓零和市场，就是指市场的总货币量不会发生变化，变化的是货币的持有者。

图 6-1　外汇市场的特点（续）

2.　看懂汇率的上涨与下跌

我们常常会听到，某种货币兑换上涨或下跌，这里所说的涨跌，实际上就是汇率的涨跌。

汇率是一种货币兑换另一种货币的比率，是以一种货币表示另一种货币价格的方式，也可以称之为外汇价格。对汇率制度来说，一般可分为固定汇率与浮动汇率，固定汇率是指由政府制定和公布，并只能在一定幅度内波动的汇率；浮动汇率是由市场供求关系决定的汇率。其涨落基本自由，政府几乎不干预汇率的变化。

我们进行外汇的投资理财，更重要的是要看懂汇率的标价方式，汇率分为直接标价法与间接标价法。

■　直接标价法

直接标价法是以一定单位如 1、100、1 000、10 000 等的外国货币为标准来计算应付多少单位的本国货币，这就相当于将一种货币看作一种商品，另一种货币看作价格。

如今大多数国家的汇率表示方法都采用直接标价法，在交易盘中如图 6-2 所示。

合约名称	文华码	买价	卖价	最新	涨跌	开盘	最高	最低	涨幅%
↓英镑日元	8169	184.55	184.63	184.55	-0.19	184.78	184.90	184.48	-0.11%
↑英磅纽元	8223	2.4170			0050	2.4113	2.4183	2.4096	0.21%
↑英镑港币	8174	11.8913	直接标价法		0013	11.8890	11.8950	11.8840	0.01%
↓澳元欧元	8196	0.6319	0.6322	0.6319	-0.0016	0.6339	0.6339	0.6315	-0.25%
↓澳元英镑	8141	0.4647	0.4650	0.4647	-0.0005	0.4655	0.4655	0.4637	-0.11%
↓澳元瑞郎	8184	0.6945	0.6947	0.6945	-0.0009	0.6951	0.6956	0.6932	-0.13%
↓澳元加元	8183	0.9438	0.9447	0.9438	-0.0020	0.9457	0.9463	0.9429	-0.21%
↓澳元日元	8182	85.7800	85.8100	85.7800	-0.1690	85.9680	86.0300	85.6800	-0.20%
↓澳元港币	8195	5.5281	5.5285	5.5281	-0.0056	5.5331	5.5370	5.5199	-0.10%
↑加元美元	8150	0.7555	0.7556	0.7555	0.0008	0.7548	0.7556	0.7540	0.10%
↑加元英镑	8132	0.4918	0.4928	0.4918	0.0003	0.4914	0.4918	0.4912	0.06%
↑加元纽元	8133	1.0586	1.0597	1.0586	0.0021	1.0563	1.0591	1.0561	0.20%
↑加元瑞郎	8180	0.7356	0.7357	0.7356	0.0007	0.7350	0.7362	0.7341	0.09%
↓加元日元	8181	90.84	90.92	90.84	-0.05	90.87	90.95	90.76	-0.06%

图 6-2　外汇直接标价法

■ 美元标价法

不同的外汇之间可能存在点差与计算差价的问题，因此人们需要用一种使用量最大的货币作为标价依据。

美元标价法是指在纽约国际金融市场上，除对英镑用直接标价法外，对其他外国货币都用间接标价法的标价方法。而如今的国际各大金融中心大都采用的是美元标价法。

在美元标价法下，美元的单位始终不变，美元与其他货币的比值是通过其他货币量的变化体现出来的，在盘口中，美元在前的就可以称为美元标价法。

■ 间接标价法

间接标价法它是以一定单位的本国货币为标准，来计算应收若干单位的外汇货币。也就是用外币来表示本币的价格。

在间接标价法下，如果一定数额的本币能兑换的外币数量减少，表示外币升值、本币贬值，外汇汇率上涨；反之如果一定数额的本币能兑换的外币数量增加，则表示外币贬值、本币升值，外汇汇率下跌。

了解了汇率的标价方式后，下面通过一个简单的例子来认识如何看懂汇率的涨跌。

某外汇市场的外汇牌价在某月初和月末有如下的汇率涨跌情况。

月初：1 英镑=1.500 2 美元

月末：1 英镑=1.512 3 美元

以上的变化情况说明了固定的英镑可以兑换更多的美元，也就是说英镑升值，汇率上涨。

另外，还可能出现如下的情况就是下跌。

月初：1 美元=7.0186 元人民币

月末：1 美元=7.0020 元人民币

在这样的情况下，固定的美元能兑换更少的人民币，美元贬值，汇率下跌。

3. 外币与本币如何进行兑换

普通老百姓接触外汇大多数情况是本币兑换外币或外币兑换本币，在金融行业称为个人结售汇，具体如图 6-3 所示。

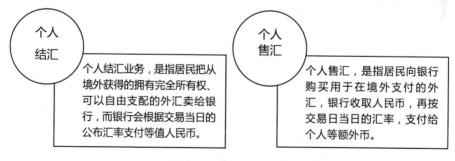

图 6-3　个人结售汇

因为外汇制度的管理，银行在进行个人结汇时需要外汇的来源，如果金额较大，会报外汇管理局审核；在个人售汇时，要明确告知个人使用外汇的用途，如留学、旅游等。

4. 如何快速办理个人结售汇

以个人结汇为例，办理普通结汇需要有如图 6-4 所示的流程。

> 个人携带身份证，向银行提交相关材料（主要为外汇使用证明材料），申请购汇。

> 银行审核购汇材料，如不符合要求，将不予售汇。

> 如材料符合，银行将申购者的个人信息与购汇申请录入外汇管理系统。

> 外汇管理系统将审核购汇者是否有未核销记录。

> 如果符合购汇要求，登录银行业务系统录入相关购汇信息。

> 银行按照交易日的挂牌价格，将外汇付给购汇者。

> 银行将此次售汇信息通知外汇管理局，并告知购汇者。

图 6-4 个人结汇的流程

在网上银行，也可以快速办理个人结售汇。

Step01 登录中国工商银行个人网上银行，在页面上方的菜单栏中单击"结售汇"超链接。

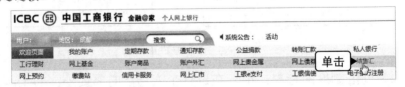

Step02 在新打开的个人结售汇页面中详细了解中国工商银行最新的个人结售汇业务，并查看是否有点差优惠，单击"购汇"超链接。

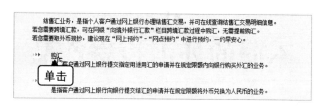

Step03 在新打开的页面中设置个人购汇信息，包括账户、钞汇标志、币种、金额、用途等，单击"下一步"按钮。在新打开的页面中确认购汇信息，并在10秒钟之内单击"确定"按钮。完成安全支付后即可成功购汇。

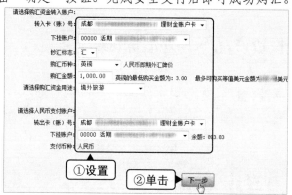

与上面操作相反的是个人售汇，个人售汇与个人结汇完全相反，要在上述的第二步中单击"结汇"超链接，然后根据提示设置外汇资金来源即可。

在办理个人结售汇时，需要注意如下所示的几点内容。

● 根据国家外汇管理局的规定，个人换外汇每年的限额为 5 万美元或等值外币。如额度超过需要开具相关证明。

● 根据国家外汇管理局的规定，境内居民个人因私兑换外汇业务指定由中国银行统一办理。

● 部分银行网点或分支机构无法进行外汇的结售，另外个人因私兑换一次可兑换 1 000 ～ 2 000 美元或等额外汇。

● 在购买外汇时，最好实时查看最新的外汇牌价，选择外汇牌价较高的时候可以兑换更多的外汇。

02
不同的外汇投资产品

外汇的投资不如黄金那样丰富，主要有外汇保证金、银行账户外汇这两种，但是不同外币之间的组合有很多，这就让外汇的投资显得更加复杂，下面进行详细介绍。

1. 高风险投资产品——外汇保证金

外汇保证金是一种高级的投资产品，是投资者通过杠杆的形式，将投资者的资金放大，可以用更多的资金去买卖外汇，从而获得相应比例的利润。

下面介绍外汇保证金的主要投资要点，具体如图6-5所示。

1 合约方式	投资外汇保证金，并不是传统意义的买入卖出，而是通过合约的形式进行保障，这类似于期货合约，以规定最低的投资数额作为单位来进行合约买卖。
2 投资效应	外汇保证金投资者实际交易的金额是其交付保证金的几倍、几十倍。在这样的情况下，投资效应被放大，具有很强的投资价值。另外需要注意，在这样的情况下投资风险也被放大。
3 双向交易	外汇保证金投资可以进行双向交易，投资者可以根据自己的预期进行多空操作，交易的方向不受账户和币种的限制，这保证了投资者在价格涨跌时都有获利的机会。
4 杠杆方式	所谓杠杆，就是外汇保证金比例的选择。通常用"1:10"、"1:20"等比例的形式显示，我们可以简单理解为"1:10"的杠杆就是将投资资金放大了10倍。
5 T+0	外汇保证金同样实行T+0的交易方式，理论上在一个交易日内可以进行数次进出场，让投资者有更多的获利机会。

图6-5 外汇保证金的交易要点

2. 欧元/美元外汇保证金的杠杆交易

外汇保证金之所以称为"保证金"，是因为它利用了杠杆，将投资资金放大参与交易，上一章中介绍的现货黄金也是采用这种形式。

不同的交易机构有不同的杠杆选择，常见的杠杆有以下几种。

● 5 倍杠杆：需要支付的保证金是总投资金额的 20%。

● 10 倍杠杆：需要支付的保证金是总投资金额的 10%。

● 20 倍杠杆：需要支付的保证金是总投资金额的 5%。

● 50 倍杠杆：需要支付的保证金是总投资金额的 2%。

● 100 倍杠杆：需要支付的保证金是总投资金额的 1%。

下面通过一个例子介绍在选择杠杆之后如何计算收益。

某日，欧元/美元的报价为 1.232 3，这就表示用 1.232 3 美元买入 1 欧元，或卖出 1 欧元同时需要买入 1.232 3 美元。

某投资者预测欧元兑美元的汇率价格将出现升值，因此他进行了如下的操作。

买入欧元，并等待汇率的上涨。具体为用 123 230 美元买入 100 000 欧元；同时该投资者采用了利用 1:100 的保证金杠杆，因此只需投入 1 232.3 美元。

之后，与该投资者预期的一样，欧元兑美元的价格上升至 1.239 5。

为了获得利润，他在 1.239 5 的价位卖空 100 000 欧元，最终获得 123 950 美元。

最后通过总结，投资者投入了 1 232.3 美元，收回 123 950 美元。

最终获利 123 950 − 1 232.3=122 717.7 元，回报率约为 9 958%。

以上就是外汇保证金收益的计算案例，具体公式如下。

在直接标价法下：

利息=合约金额×（1÷入市价格）×利率×（投资天数/360）×合约数。

损益=合约金额×（1÷卖出价格－1÷买入价格）×合约数－手续费±利息。

在间接标价法下：

利息=合约金额×（1÷入市价格）×利率×（投资天数/360）×合约数。

损益=合约金额×（卖出价格－买入价格）×合约数－手续费±利息。

需要注意的是，杠杆有一定博弈的性质，选择杠杆应该和选择银行理财产品一样，不要过高地选择杠杆比例，以免出现巨大的损失。

3. 认识并下载MT4外汇交易软件

外汇保证金的交易一般比较复杂，因此很难在网上银行进行交易，在外汇投资中，有一种非常专业且有效的投资软件——MT4，它具有强大的图形分析功能，并且能够精准地完成交易，如今，MT4软件已经是全球外汇交易商用得最多、最稳定、最好用的软件之一。

该软件与各大投资机构开展合作，提供软件供投资者下载。下面在一个外汇交易机构网站下载并安装MT4软件。

Step01 进入福汇外汇投资平台首页（http://www.fxcm-chinese.com），在页面上方的菜单栏中，单击"产品"选项卡下的"MT4"超链接。

Step02 进入MT4软件页面，详细了解福汇MT4的特点，单击"了解详情"按钮。

Step03 在新打开页面的左上角单击"下载MT4"超链接，下载并安装完成后，就会在电脑桌面看到如右下图所示的快捷方式图标。

Step04 打开福汇MT4软件，关闭打开的服务器选择对话框，会看到如下图所示的页面。内容包括交易菜单栏、图形工具栏、图标栏、市场报价栏、账户信息栏及汇市资讯栏。

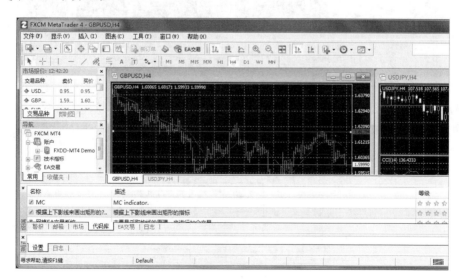

　　MT4软件并不是随意选择，投资者需要在自己开户的外汇投资机构网站进行下载安装。

4. 使用 MT4 软件进行外汇保证金交易

我们使用 MT4 软件最重要的就是交易外汇保证金，交易的步骤分为 3 种，分别是登录账户、建仓与平仓。

■ 登录 MT4 软件

登录 MT4 软件需要使用已经在交易机构注册的外汇保证金账户，具体的操作如下。

Step01 进入福汇外汇投资平台首页，在"文件"下拉菜单中选择"登录到交易账户"命令。

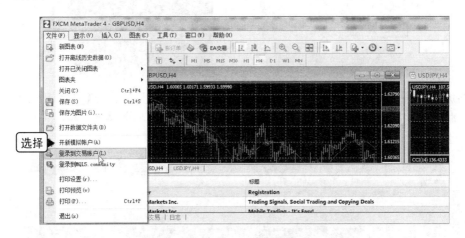

Step02 在打开的页面中输入账号、密码，单击"登录"按钮，此时在MT4软件的右下角会看到登录状态由"没有连接"变为了网络传输速度。

■ 使用 MT4 软件进行建仓

登录之后，我们可以在 MT4 软件上进行看盘，但使用 MT4 软件更多的是为了进行准确及时的交易。

Step01 进入福汇MT4软件，在上方单击"新订单"按钮。

Step02 在打开的页面中设置交易品种、交易手数、成交方式，单击"卖"或"买"按钮进行开仓。

Step03 在新打开的对话框中确定开仓信息，单击"OK"按钮

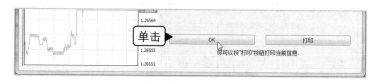

Step04 完成下单后，在下方的"订单"栏中就可以看到最新的交易合约信息，内容包括数量、类型、损益情况等。如果要进行止损设置，则在合约选项上右击，在打开的列表中选择"修改或删除订单"命令。

Step05 在打开的对话框中设置止损价格，设置内容包括交易类型、价差、止损价。然后单击"修改"按钮。

Step06 在新打开的对话框中确定修改信息，单击"OK"按钮即可完成。

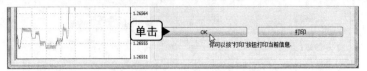

■ 使用 MT4 软件进行平仓

有建仓就有平仓，平仓并不是进行反向的交易，而是进行方向平仓操作，具体如下。

Step01 要对已经建仓的合约进行平仓，则在"订单"栏中的合约选项上右击，在打开的下拉菜单中选择"平仓"命令。

Step02 在打开的对话框中设置平仓交易参数，单击"平仓"按钮（和在交易平台上一样，可全部平仓也可以部分平仓）。

Step03 在新打开的对话框中单击"OK"按钮，确定平仓信息。

Step04 平仓后在MT4软件下方选择"账户历史"选项，可看到总投资账户的交易情况与投资损益。

5.　投资中国工商银行账户外汇

除了外汇保证金之外，外汇投资也有较为简单的投资方式，这便是账户外汇，它和个人结售汇类似，唯一不同的就是它只是一种价格投资方式，而不能兑换成现金或直接消费。

任何投资者都可以轻松参与账户外汇的投资，并且不用担心像外汇保证金一样的风险，下面我们来看看怎样在网上银行投资工商银行账户外汇。

Step01 登录中国工商银行个人网上银行，在上方的菜单栏中单击"账户外汇"超链接。

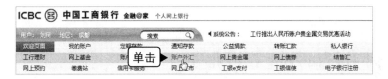

Step02 在打开的页面中查看可交易的账户外汇品种，单击右侧的"走势图"超链接，在页面下方即可看到该账户外汇的走势图。

	实时行情区 （实时行情更新频率为45秒）　单位：人民币/100外币					财经日历
品种	涨跌	银行买入价	银行卖出价	中间价	最高中间价	最低中间价	操作
账户欧元		693.40	695.00	694.20	695.13	693.78	走势图
账户英镑	⇧	955.43	957.03	956.23	958.02		走势图
账户澳大利亚元	⇧	489.27	490.87	490.07	491.42	489.15	走势图
账户加拿大元	⇧	503.50	505.10	504.30	505.37	503.26	走势图
账户瑞士法郎	⇩	648.34	649.94	649.14	652.03	649.06	走势图
账户日元	⇩	5.2242	5.2402	5.2322	5.2419	5.2299	走势图

Step03 返回到交易页面，在右侧的交易栏中设置交易品种、卡号、交易类型及交易金额，单击"提交"按钮，在打开的页面中确认交易信息，10秒之内单击"确认"按钮完成支付即可成功投资。

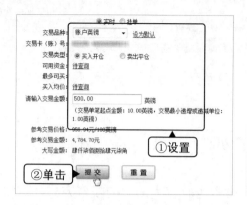

无论是哪个银行的账户外汇，一般都有以下的交易细节。

● 账户外汇目前有账户欧元、账户英镑、账户加拿大元、账户瑞士法郎、账户澳大利亚元、账户日元6个品种。

● 账户日元的单笔交易起点为1 000日元，其他账户外汇品种的交易起点为最低10某外币，最小递增单位为1元某外币。

● 账户外汇一般不会直接收取手续费，并采取T+0交易模式，投资者买入的账户外汇可在当日卖出。

6. 不同银行的外汇投资业务

外汇是一个综合的投资项目，目前各家银行都有自己的外汇投资品牌，下面我们简单来认识一些。

■ 中国工商银行外汇业务——汇市通

中国工商银行的外汇业务称为汇市通，是区别于外汇保证金和账户外汇的独立外汇投资品种，投资者在规定的交易时间内，通过个人外汇买卖交易系统进行不同币种外汇之间的即期外汇买卖。

具体有如下所示的交易要点。

● 最长时限120小时，且有24小时、48小时、72小时、96小时及120小时范围可供选择。

- 中国工商银行的汇市通业务通常只需 100 美元便可进行交易，可以让更多的人参与其中。

- 中国工商银行汇市通的交易币种有美元、日元、港币、英镑、欧元、加拿大元、瑞士法郎、澳大利亚元、新加坡元 9 个币种。

- 中国工商银行汇市通从周一早上 7 点至周六凌晨 4 点提供交易服务，报价与国际外汇市场即时汇率同步。

■ 中国银行外汇业务——外汇宝

中国银行作为国有四大银行之一，在对外业务特别是外汇业务上占有较高的市场份额，中国银行的外汇业务称为外汇宝，是中国银行个人实盘外汇买卖业务的简称。它指在中国银行开立本外币活期一本通存折且持有外币现钞（汇）的客户，可以按照中国银行报出的买入/卖出价格，将某种外币（汇）的存款换成另一种外币（汇）的存款。

因为中国银行对外业务的领先，外汇宝的投资所支持的币种也比较多，目前有美元、欧元、英镑、澳元、港币、瑞士法郎、日元、加拿大元、新加坡元，都可做直接盘交易与交叉盘交易。

■ 中国建设银行外汇业务——乐汇宝

中国建设银行的个人外汇买卖投资业务，是指中国建设银行接受个人客户委托，为其办理两种可自由兑换货币之间的买卖，以规避汇率风险，达到个人外汇资产保值增值目的的一种业务。

中国建设银行外汇买卖业务支持的币种也比较多，有美元、日元、港币、英镑、欧元、瑞士法郎、加拿人元、澳人利亚元、新加坡元、瑞典克朗、丹麦克朗和挪威克朗等。

7. 在网上银行投资汇市通

中国工商银行汇市通可以在网上银行轻松投资，其具体的操作如下。

Step01 登录中国工商银行个人网上银行，进入个人网上银行页面，在上方的菜单栏中单击"网上汇市"超链接。

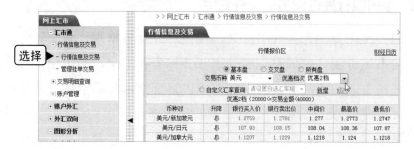

Step02 进入网上汇市页面，在左侧的列表栏中选择"汇市通/行情信息及交易"命令，在右侧的操作栏中即可看到交易产品（可设置筛选条件）。

Step03 与账户外汇一样，单击"银行买入价"或"银行卖出价"超链接，在右侧自动设置买卖信息，输入金额，单击左下方的"提交"按钮。

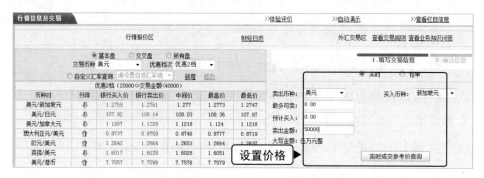

Step04 在新打开的页面中确认交易信息，10秒内单击"提交"按钮并完成安全支付，即可成功进行汇市通的建仓。

8.　在中国银行查看外汇牌价

查看外汇牌价是外汇投资比较重要的一点，在中国银行网上银行，查看的外汇牌价一般是最新且最标准的。

Step01　进入中国银行网上银行首页（http://www.boc.cn/），在下方的"金融数据"栏中单击"中国银行外汇牌价"超链接。

Step02　在新打开的页面中可以看到最新的外汇牌价。

货币名称	现汇买入价	现钞买入价	现汇卖出价	现钞卖出价	中行折算价	发布日期
澳大利亚元	454.44	440.42	457.64	457.64	454.41	2015-09-16
巴西里亚尔		158.36		173.21	164.88	2015-09-16
加拿大元	479.92	465.11	483.78	483.78	480.99	2015-09-16
瑞士法郎	651.6	631.49	656.84	656.84	654.37	2015-09-16
丹麦克朗	95.79	92.83	96.55	96.55	96.33	2015-09-16

03
外汇获利攻略

虽然外汇的投资品种比较少，但因为外汇投资涉及的币种比较多，因此需要掌握的技巧也较多，想要进一步成为投资高手，还需要掌握许多投资技巧与攻略，本章的最后进行简单的介绍。

1.　美元/英镑投资——外汇投资心态

在外汇投资过程中，因为保证金及点位的变化，会让投资者经常出现错误的心态，从而导致投资失败，下面来看一个例子。

李先生在 2015 年年初选择了进入外汇市场，1 月份他选择了美元/英镑的外汇产品。在 1 月 2 日出现了一根非常长的阳线，是较好的上升势头，因此该投资者选择做多持仓入市。

和预期一样，后市果然出现了上涨，到了 1 月 8 日，价格开始到达高点，虽然该投资者预判到此时可能会出现反转，但他依然期望汇率可能会再创新高，于是选择了持仓观望。

可惜事与愿违，此后汇率开始微幅下跌，并不是最合适的平仓机会，因此李先生选择了继续等待， 1 月 23 日，略微出现了一次利好，价格再次达到高点

但在此之后，汇率又出现了一次微幅下跌，该投资者认为这和前面的情况类似，价格有可能再次上涨，于是他选择了继续等待，可惜最终价格没有再冲高，而是出现了极速的下跌，最终失去了获利的机会。

具体情况如图 6-6 所示。

图 6-6　美元/英镑汇率变化

那么在实战中，哪些心理会导致投资风险呢？具体如图 6-7 所示。

1 外汇交易没有涨跌停板，在理论上虽然可以达到一本万利的效果，但投资者如果抱着这样的想法去投资，企图通过外汇交易一夜暴富，最终只会得不偿失。

2 炒外汇是一种博弈方式，和赌博有相似的地方，但两者有本质区别，持有赌博心态最终的损失是不可避免的。

图 6-7　外汇投资的错误心态

3 一些投资者在制订投资计划时总是犹豫不决，在平仓时举棋不定，不能果断出场，这样的行为最终只会使最佳的交易机会流失。

4 贪婪是投资的大忌，外汇投资也不例外，一些投资者希望在已经获利的情况下获得更多的利润，但最终只会造成损失。

5 做投资理财切记不能盲目自大，在制作外汇投资计划的时候，不要错误估计了自己的风险承受能力选择过高的杠杆。

图 6-7　外汇投资的错误心态（续）

2.　外汇投资建仓、平仓技巧

建仓与平仓是外汇交易中必须要经历的，那么在这两步中都有哪些获利的攻略技巧呢？具体如图 6-8 所示。

金字塔式
将投资资金分为数额不等的几份，然后从小到大进行建仓。例如，先投入 1/2 的资金，然后继续投入剩余资金的 1/2，即总投资资金的 1/4。

成本平均
成本平均的建仓方法，就是将所有的投资资金进行分散，在每个月的固定时间以固定的资金对某一种外汇产品进行投资。

定点定额
当价格到达一定的点位时即立刻建仓，但这种方法需要较强的分析，首先要设置好点位，并且在每个点位需要进行多空预判。

高抛平仓
所谓高抛平仓，就是当价格达到事先设置好的点位时，无论后市如何变化，都立刻进行平仓。

二次顶平仓
二次顶平仓法是指投资者长期持有头寸之后，需等到价格显示第二次有见顶迹象时才进行平仓，需要应用图形分析的头肩态。

图 6-8　平仓建仓技巧

3. 影响外汇价格的因素

和第 6 章介绍的黄金价格一样，影响外汇价格的因素也有很多，无论是哪种类型的投资者，都必须去分析影响外汇价格的因素，才可能找到后市的走势。

具体内容如下。

- 通常如果只考虑 GDP 因素，当 GDP 的增长速度较快时，那么对该国的货币则有一个利好的作用。该国货币可能面临升值。

- 当通货膨胀出现时，国内的商品价格会出现上涨，在这样的情况下，商品的生产与销售关系出现变化，从而影响国内进出口，使得汇率发生变化。

- 通货膨胀的出现，有一个重要的原因就是流通中的货币量增加，老百姓拿在手中的本国货币增加，但实际上这只能兑换到更少的外币，也就是本币贬值。

- 当国内的利率上涨时，贷款量就会减少，投资和消费数量也减少，在一定程度上抑制进口，促进了出口，使外汇汇率下跌，本币汇率上涨。

- 当出现战争、自然灾害等突发事件或是如奥运会等盛大的节日时，一个国家或地区的货币价值可能出现瞬间上涨或暴跌。

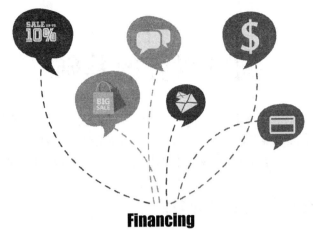

Financing

—— 一看就懂的理财产品全攻略（图解版）——

第 7 章

期货交易，
利用商品价格获利

黄金、外汇、期货，这 3 种投资工具往往被人们归纳在一起，这是因为它们具有很多共同的特点，在本章，我们一起来认识期货投资中会涉及的合约品种与获利攻略。帮助投资者成为高端产品理财的高手。

01
期货投资的基础

> 在许多人眼中，类似土豆、大米、铜、铝等最多是一种经济作物商品，完全不能和投资理财挂钩，但是当这些商品的价格涉及成合约挂牌交易时，就形成了期货投资。当合约价格随现货市场发生改变时，投资者便有了获利的机会。

1. 期货交易的主要规则与要点

在日常生活中常见的交易方式是一手交钱一手交货的方式，这种交易方式叫作现货交易，而期货交易并不涉及现货，只是一种买卖合约，它与现货之间存在着本质上的区别。

期货交易在 20 世纪 90 年代进入中国，经过了长期的发展，如今的期货交易已经非常科学，具有如图 7-1 所示的规则与要点。

交易方向	期货交易实行双向交易模式，也就是说，期货可以买多也可以卖空，价格的涨跌都可以获利。在价格上涨时可以低买高卖，价格下跌时可以高卖低买。
T+0 交易	在期货交易中实行的是 T+0 的交易模式，理论上期货投资可以在一天之内进行多次开仓与平仓，反复交易。这种方式使得期货投资更加灵活，提高了资金的使用效率。
杠杆交易	期货交易最大的特点之一就是使用杠杆交易，也就是所谓的保证金交易，交易时不用支付全部的投资资金，只需按照一定比例支付资金即可进行全额投资。
零和市场	期货是一个零和的市场。所谓零和，就是指市场总量不发生变化，只是持有者的持有比例变化。在某一段时间内，商品量与货币总量是不会发生变化的，只是出现多空转移。
全球性交易	期货交易是在一个全球性的投资市场进行的，流通性非常高。期货是仅次于外汇的全球第二大交易，这也就证明了几乎没有人可以左右其价格的变化，保证了交易的公平性。

图 7-1　期货的交易要点

价格结算	期货的结算制度采用的是每日结算。也就是说，期货投资在一个交易日内是绝不会出现负债的。同时，这样的方式使得期货的交易信息得到了本质上的公开与透明。
实物交割	期货的主要投资目的是利用价格转移合约获利。对于需要进行实物交割的商品交易者来说，往往需要非常多的资金，如强麦期货合约，最小交割单位 20 吨/手。

图 7-1　期货的交易要点（续）

2.　我国的期货交易所与交易品种

期货交易必须在期货交易所进行，在我国，目前有四大期货交易所，其各自都有自己丰富的期货合约，下面进行详细来介绍。

■　上海期货交易所

上海期货交易所是由上海金属交易所、上海粮油商品交易所和上海商品交易所在 1998 年 8 月联合成立的。

上海期货交易的交易时间如下。

上午第一节 9:00～10:15；第二节 10:30～11:30。

下午 13:30～15:00。

夜间 21:00～02:30。

在上海期货交易所目前有铜、铝、锌、铅、黄金、白银、螺纹钢、线材、热轧卷板、燃料油、沥青、天然橡胶 12 种期货合约。

■　大连期货交易所

大连期货交易所也叫大连商品交易所，成立于 1993 年 2 月 28 日，是经国务院批准并由中国证监会监督管理的四家期货交易所之一。大连期货交易所的农产品特别是豆类产品期货合约，是非常具有优势的。

大连期货交易所的交易时间为每个交易日的上午 9:00～11:30；下午 13:30～15:00。

目前，在大连期货交易所上市的期货合约比较多，有玉米、黄大豆 1 号、黄大豆 2 号、豆粕、豆油、棕榈油、聚丙烯、聚氯乙烯、塑料、焦炭、焦煤、铁矿石、胶合板、纤维板、鸡蛋等。

■ 郑州期货交易所

郑州期货交易所也叫郑州商品交易所，成立于 1990 年 10 月 12 日，于 1993 年 5 月 28 日正式推出期货交易。

郑州期货交易的交易时间分为两段时间，为上午 9:00～11:30，下午 13:30～15:00。

在郑州期货交易所上市的期货合约有强麦、普麦、棉花、白糖、PTA、菜籽油、早籼稻、甲醇、油菜籽、菜籽粕、动力煤、粳稻、晚籼稻、铁合金等。

■ 中国金融期货交易所

中国金融期货交易与其他三大交易所不同，它主要是从事金融期货的交易，于 2006 年 9 月 8 日在上海成立。

中国金融期货交易所的交易时间为每个交易日的上午 9:15~11:30，下午 13:00~15:15。

中国金融期货交易所是目前国内唯一的金融期货交易所，上市的交易品种有沪深 300、上证 50、中证 500 股指期货合约和 5 年期、10 年期国债期货合约。

3. 期货的几大风险管理制度

为了在期货交易中规范交易，同时规避风险的发生，期货交易所共同制定了期货风险管理制度，这些制度是期货交易中必须遵守的，也是期货本身重要的特点。

■ 交易会员制度

期货交易所实行的是会员制度，也就是说只有交易所的会员才可以在交易所进行交易，普通投资者一般是其会员的客户。

一般来说，银行、金融机构和期货经纪公司是期货交易所的会员主体，也是我们投资期货的渠道。

■ 保证金制度

期货的保证金制度同样是非常重要的，在进行期货交易时，任何一个交易者必须按照其所买卖期货合约价值的一定比例缴纳少量资金，作为其履行期货合约的财力担保，然后才能参与期货合约的买卖。

会员结算准备金最低余额为人民币 200 万元，非期货公司会员结算准备金最低余额为人民币 50 万元。

另外还有一种保证金是交易保证金，它和前两章介绍的保证金类似，通过杠杆来博得最大化的交易，在期货中主要分为初始保证金和追加保证金。

■ 每日结算无负债制度

在期货交易中，有一个制度是区别于其他投资产品的，这就是每日结算无负债制度。

每日结算无负债制度具体可分为两个制度，一是每日结算制度，二是无负债制度，但因为这二者是相互联系的，因此可以放在一起。

每日结算无负债制度，也可以叫作逐日盯市。是指每日交易结束后，交易所按当日结算价结算所有合约的盈亏、交易保证金、手续费及税金等费用，对应收应付的款项实行净额一次划转，相应增加或减少会员的结算准备金，做到账户无负债。

每日结算无负债制度的具体操作方式如图 7-2 所示。

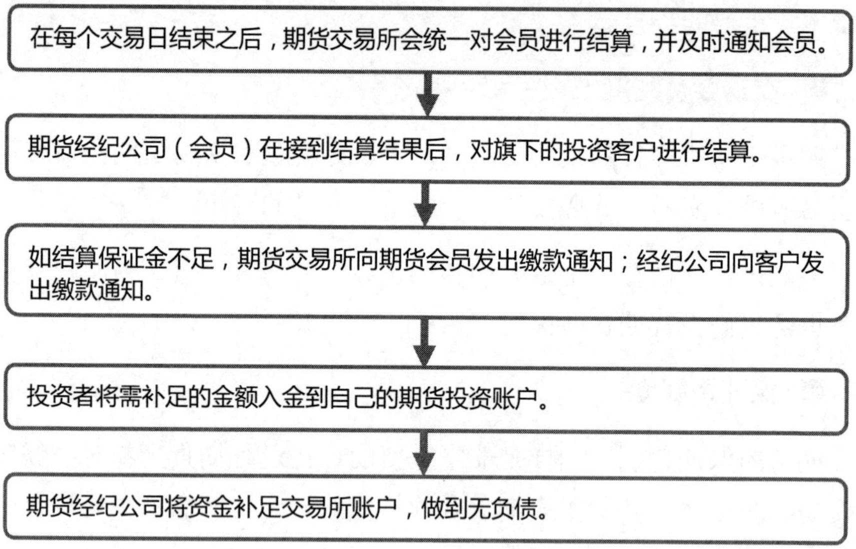

在每个交易日结束之后，期货交易所会统一对会员进行结算，并及时通知会员。

期货经纪公司（会员）在接到结算结果后，对旗下的投资客户进行结算。

如结算保证金不足，期货交易所向期货会员发出缴款通知；经纪公司向客户发出缴款通知。

投资者将需补足的金额入金到自己的期货投资账户。

期货经纪公司将资金补足交易所账户，做到无负债。

图 7-2　每日结算无负债的流程

■ **涨停板制度**

期货和股票一样实行涨停板制度，所谓涨停板制度，全称为涨跌停板制度，是指期货合约在一个交易日中的交易价格不得高于或低于规定的幅度，而超过这个幅度的报价将被视为无效，不能成交。

每一份期货合约的具体涨跌停幅度都会在期货合约中写明。但期货的涨跌停板并不是固定的，而是随着市场的变化而发生改变，这也是期货和股票涨停板最大的不同。

■ **强制平仓制度**

如果交易所或会员要求在每日结算之后补足保证金，而投资者不再存入保证金时，就会被强制平仓

强制平仓就是指期货交易所将会员账户进行强行平仓，一般发生以下的情况时，会被强制平仓。

● 会员结算准备金余额小于零，并未能在规定时限内将其补足。

● 持仓量超出持仓限额标准，并且未能在规定时限内进行平仓。

● 投资者或会员违规操作，违反交易所的规定时会被强制平仓。

● 根据交易所的紧急措施应予强行平仓。

■ 限仓制度

限仓制度是期货交易所为了防止市场风险过度集中于少数交易者手中，而对会员和客户的持仓数量进行限制的制度。

限仓制度规定会员或客户可以持有的、按单边计算的某一合约持仓的最大数额，任何账户都不允许超量持仓。

02
不同的期货合约

我们知道，期货的交易实质就是买卖合约，和其他投资不同的是，期货无论哪种合约都只有一种交易方式，我们可以选择的只有不同的合约标的，本章从商品不同的属性来认识不同的期货合约。

1. 金属期货——铜期货合约实战

上海期货交易所的铜期货合约，作为一种交易量非常大的合约，其标准化合约文本如表 7-1 所示。

表 7-1　铜期货合约文本

项目	产品因素
交易品种	阴极铜
交易代码	CU
交易单位	5吨/手
报价单位	元（人民币）/吨

续表

项目	产品因素
最小变动单位	10元/吨
每日最大波动限制	不超过上一个交易日结算价的±3%
交割月份	1～12月
交易时间	上午9:00～11:30，下午13:30～15:00
最后交易日	合约交割月份的15日（遇法定假日顺延）
最后交割日	最后交易日后连续5个工作日
交割品级	标准品：阴极铜，符合国标GB/T467-2010中1号标准铜Cu-CATH-2定，其中主成分铜加银含量不小于99.95% 替代品：阴极铜，符合国标GB/T467-2010中A级铜Cu-CATH-1规定；或符合BS EN 1978:1998中A级铜Cu-CATH-1规定
保证金	合约价值的5%
交割方式	实物交割
交易所	上海交易所

2. 什么时候最适合参与铜期货合约投资

我们什么时候值得参与铜期货合约的投资呢？从长期来看，供求关系可以很好地帮助我们进行判断。2010～2014年期间，我国铜矿储量呈现逐年下跌趋势，具体如图7-3所示。

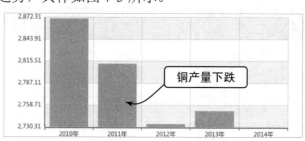

图 7-3　2010～2014 年铜矿储量

在该期间内，沪铜期货价格指数和铜矿储量呈现出一样的趋势，出现下跌，因此如果投资者想要在这期间内参与期货合约并长期地持有，选择做空是比较理想的，如图 7-4 所示。

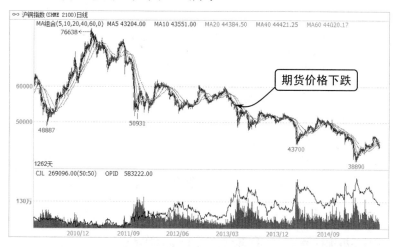

图 7-4　2010～2014 年沪铜指数价格走势

如果是短期投资，以 2015 年 9 月前后为例，对近期基本面的分析显得比较重要。首先，总结铜价格在近期的几大重大事件。

国内冶炼商紧逼现货 TC 继续走高，9 月中上旬，铜现货干净矿 TC 继续上扬，市场干净矿主流报价 85～95 美元/吨，混矿报价 110～120 美元/吨。

2015 年上半年，全球铜市供应过剩 15.1 万吨，其中全球铜表观消费较去年同期减少 13.2 万吨，中国消费量减少 6.3 万吨。

美联储可能加息、地缘政局动荡对铜价格有着较大的影响。

在这样的情况下，沪铜期货在近期交割的 1510 合约表现虽然有所回暖，但上涨的幅度并不大，在 9 月中上旬出现一次跳空大阳线之后，又连续下跌，同时交割日即将来临，此时并不适合下单建仓，具体如图 7-5 所示。

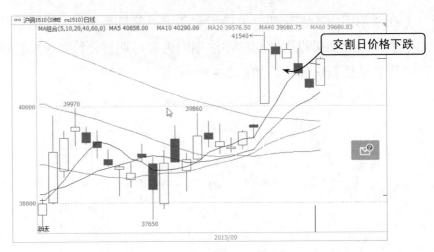

图 7-5　铜 1510 期货合约价格走势图

3.　农作物期货——玉米期货合约实战

农产品期货是期货市场上的主要品种，而玉米期货是我国最早的期货合约之一，下面来介绍玉米期货合约文本，如表 7-2 所示。

表 7-2　玉米期货合约文本

项目	产品因素
交易品种	黄玉米
交易代码	C
交易单位	10吨/手
报价单位	元（人民币）/吨
最小变动单位	1元/吨
每日最大波动限制	不超过上一个交易日结算价的±4%
交割月份	1月、3月、5月、7月、9月、11月
交易时间	每周一至周五上午9:00～11:30（法定节假日除外），下午13:30~15:00

续表

项目	产品因素
最后交易日	合约月份第10个交易日
最后交割日	最后交易日后第3个交易日
交割品级	大连商品交易所玉米交割质量标准（FC/DCE D001-2013）
保证金	合约价值的5%
交割方式	实物交割
交易所	大连期货交易所

4. 短线从多方面分析玉米期货单日价格走势

对于短线投资者来说，分析前一日的境外交易所、现货及消息面的数据对当日的价格判断非常有效，下面我们来看一个例子。

2015年9月11日，芝加哥期货交易所玉米期货CBOT12月玉米合约收涨5.2美分/磅，报收每蒲式耳374.2美分。

大连玉米1601合约上涨0.41%，报收1972元/吨；玉米淀粉主力1601合约上涨0.7%。

从消息面来看，9月10日举行的国家临时存储玉米竞价销售交易会计划销售进口玉米7.51万吨。乌克兰收割3 770.9万吨谷物和豆类，收割面积为1 013.2万公顷，占计划收割面积的72%，平均单产量为3.6吨/公顷。

从现货价格上看，大连港中等玉米平舱价2 290元吨，14%水分。蛇口港中等玉米船板价2 290元/吨，15%水分。吉林长春地区玉米淀粉出厂价格为2 630元/吨。河南鹤壁市浚县2014年本地产3级白小麦收购价2 400元/吨。

综上所述，判断玉米淀粉 1601 合约将延续之前的弱势，结束短暂的反弹。

果然，玉米 1601 期货合约在 2015 年 9 月前后的价格 K 线图中，8 月 31 日一根大阴线之后，玉米期货有所反弹，但在出现了上述的情况之后，玉米期货合约又开始下跌。如图 7-6 所示。

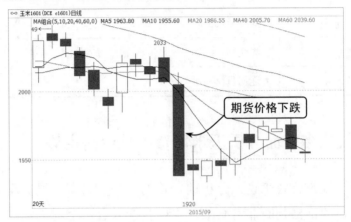

图 7-6　玉米 1601 期货合约 2015 年 9 月价格走势图

5.　金融期货——沪深 300 指数期货合约实战

在国内，人们投资期货更多的是参与金融期货的投资，沪深 300 指数，是指由上海和深圳证券市场中选取 300 只 A 股作为样本编制而成的成分股指数。沪深 300 指数期货标准化合约如表 7-3 所示。

表 7-3　沪深 300 指数期货合约文本

项目	产品因素
交易品种	沪深300指数
交易代码	IF
报价单位	指数点
最小变动单位	0.2点

续表

项目	产品因素
每日最大波动限制	上一个交易日结算价的±10%
合约月份	当月、下月及随后两个季月
交易时间	交易日的上午9:15~11:30，下午13:00~15:15
最后交易日	合约到期月份的第三个周五，遇国家法定假日顺延
最后交割日	同最后交易日
保证金	合约价值的8%
交割方式	现金交割
交易所	金融期货交易所

6. 股票价格变动时如何投资沪深 300 指数期货

要想正确投资沪深 300 指数期货，对沪深 300 指数及 300 只个股的判断非常重要，下面简单举例。

交通银行股票价格在 2014 年上半年一直震荡波动，而在下半年却开始突然上涨，幅度非常剧烈，如图 7-7 所示。

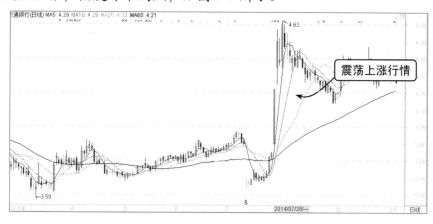

图 7-7　交通银行 2014 年股票价格走势图

作为沪深 300 指数权重股中排名第二的股票，交通银行的此次价格上涨也使得沪深 300 指数出现了上涨，在 2014 年下半年，沪深 300 价格上涨也非常迅速，具体如图 7-8 所示。

图 7-8 沪深 300 指数 2014 年价格走势图

而沪深 300 指数的价格直接影响沪深 300 指数期货合约的变化，一般会走出相同的趋势。如在沪深 300 指数期货合约价格走势图中，2014 年上半年主要以横盘整理为主，下半年开始上涨。如图 7-9 所示。

图 7-9 沪深 300 指数期货合约价格走势图

03
期货获利攻略

> 在期货投资中，无论参与什么样的合约，都会涉及套期保值、套利等必备的交易方式，同时也需要使用网上银行与交易软件，本章需要详细了解这些技巧与操作，更好地投资期货。

1. 玉米期货合约的套期保值

期货的套期保值，是指通过买进或卖出与现货市场交易数量相当，但交易方向相反的商品期货合约，并在未来某一时间通过卖出或买进相同的期货合约，对冲平仓，结清期货交易带来的盈利或亏损。

因为期货交易实行的是双向交易，购买相反的合约，必定一份合约赚钱，一份合约亏钱。而又因为期货和现货价格之间存在一定的差异，因此就形成了简单获利的区间。

套期保值分为买入套期保值与卖出套期保值，买入套期保值是指在期货市场做多看涨期货，用期货市场多头保证现货市场的空头；卖出套期保值的操作是先在期货市场上卖出期货合约，然后在现货市场上卖出现货，并且在期货市场上买进与原先卖出相同的期货合约。

下面以买入套期保值为例，来看玉米期货一个例子。

××食品加工厂需要购进大量的玉米，为了规避风险，他们选择了期货的套期保值来进行获利。

在某年5月1日，他们发现玉米的现货价格为2 300元/吨，市场的价格较之前有反弹的迹象，而且预计在6月底，企业的库存将至低点，需要补充库存1 000吨。

此时，玉米在期货市场7月合约报价同样2 300元/吨，于是××食品加工厂在7月1日以2 300元/吨的价格买入100手7月玉米期货合约。

到了7月1日，玉米的期货与现货价格都出现了上涨，并且期货市场的涨幅大于现货市场，此时玉米现货报价2 800元/吨，期货市场9月合约报价涨至3 000元/吨。

此时，××食品加工厂在现货市场买入1 000吨的玉米，采购价格为2 800元/吨，同时在期货市场以3 000元/吨的价格卖出之前的100手9月合约进行平仓。

××食品加工厂有如下的操作与盈亏情况，如表7-4所示。

表7-4　食品加工厂盈亏情况

	现货市场	期货市场
5月1日	2 300元/吨	买入100手7月玉米期货合约2 300元/吨
7月1日	买入1 000吨玉米，价格2 800元/吨	平仓100手9月期货合约，价格3 000元/吨
盈亏	（2 300-2 800）×1 000=-500 000元	（3 000-2 300）×100×10=700 000元

最终，该企业盈亏为700 000-500 000=200 000元（不考虑手续费）。

2.　认识套利交易

套期保值需要参与期货和现货两个市场，普通投资者并没有那么多的资金，此时就可以进行套利交易。

所谓套利，也称价差交易，指在买入或卖出某种期货合约的同时，卖出或买入同一种或相关的另一种合约，并且企图利用相反的价差变化来进行获利的一种投资手段。

在进行套利交易时，必须要满足以下几点要求。

● **合约性质相同**：套利交易最好选择相同的合约做多空操作，或者选择性质相同的合约，且交割期限不能相差太久。

- **合约方向相反**：期货套利的买卖方向对应原则，就是在建立多仓的同时也建立空仓，只建立单一方向，套利即不成立。

- **同时进出市场**：在进行期货套利时，无论是进场还是出场，多空双方一定要在相同的时间进行。如果相隔的时间太长，则可能失去获利的机会，套利也就不成立了。

- **建立同等仓位**：在建仓时，一定要保证多空方建立同等数量的仓位，否则多出来的部分就会面临较大的风险。

和套期保值不同的是，套利交易的种类有很多，具体如图 7-10 所示。

跨期套利	跨期套利就是在同一期货品种的不同月份合约上建立数量相等、方向相反的交易头寸，最后以对冲或交割方式结束交易，获得收益。
跨市套利	跨市套利是指在一个期货市场买入（或者卖出）某种商品合约的同时，在另一个市场上进行同种商品相反的买卖操作，利用两个市场的价差变动来获利。
牛市套利	牛市套利，就是指投资者对后市看涨。在牛市下，远期合约上涨的幅度更大，而近期合约的上涨较慢。在这样的情况下，卖空近期合约，买多远期合约就是典型的牛市套利。
熊市套利	熊市套利就是指投资者对后市看跌。在熊市下，远期合约的跌幅更大，而近期合约的跌幅相对平缓。在这样的情况下，买入近期合约，卖空远期合约就是保值获利的熊市套利。
全球性交易	蝶式套利会涉及 3 份合约，一般两头为相同的期货合约，中间为相反的合约，例如买近期、卖中期、买远期或卖近期、买中期、卖远期。

图 7-10 不同的套利方式

3. 如何进行银期转账

在期货经纪公司开立期货账户后，账户中是没有钱的，而期货交易并不能直接往账户中转账汇款，而是需要利用银行网上银行进行银期转账。

办理银期转账的具体操作如下。

Step01 登录中国工商银行个人网上银行，在页面上的菜单栏中单击"网上期货"超链接。

Step02 在右下方的菜单栏中选择"集中式银期转账/集中式银期转账注册"命令。在新打开的页面中选择一家期货经纪公司选项，单击"确定"按钮。

Step03 在新打开的页面中阅读银期转账协议，单击"接受协议"按钮。

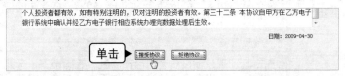

Step04 进入银期转账办理页面，设置个人账户、期货经纪公司及期货资金账号，单击"注册"按钮，最后确认注册即可完成银期转账的办理。

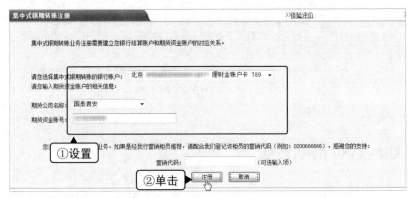

4. 永安期货软件——如何买卖期货合约

外汇有 MT4 软件，而期货是不能使用 MT4 软件的，因此需要在投资机构下载交易软件进行使用。

Step01 下载并安装永安期货交易软件，在打开的界面中输入交易账号及密码，单击"登录"按钮即可完成软件登录。

Step02 进入模拟交易软件，在上方的期货合约栏中找到自己想要交易的期货合约，查看最新的价格，单击其名称超链接，如单击"沪铝02月"超链接。

合约代码	合约名称	最新价	买价	买量	卖价	卖量	成交量	持仓量	涨跌	涨跌幅	最高	最低	均价	开盘价
al1409	沪铝09月	–	–	–	–	–	–	–	–	–	–	–	–	–
al1410	沪铝10月	14270	14265	5	14270	23	9934	36350	-110	-0.76%	14360	14240	14295	14305
al1411	沪铝11月	14245	14245	71	14250	99	100302	129240	-115	-0.80%	14350	14215	14292	14310
al1412	沪铝12月	14240	14235	100	14240	6	41266	142698	-120	-0.84%	14345	14200	14276	14310
al1501	沪铝01月	14215	14215	52	14220	2	15182	58742	-130	-0.91%	14335	14185	14243	14305
al1502	沪铝02月	14200	14200	5	14210	1	1712	26158	-140	-0.98%	14305	14175	14239	14285
al1503	沪铝03月	14215	14195	12	14210	1	1560	14654	-145	-1.01%	14295	14180	14230	14275
al1504	沪铝04月	14190	14200	1	14225	–	260	1022	-175	-1.22%	14300	14190	14237	14250
al1505	沪铝05月	14240	14215	5	14245	3	484	1102	-105	-0.73%	14300	14235	14245	14300
al1506	沪铝06月	14390	14225	20	–	–	460	0	0		14390			
al1507	沪铝07月	14310	14245	1	14290	1	4	80	-35	-0.24%	14310	14310	14310	14310

Step03 在下方的操作栏中默认合约名称、价格、买卖方式（可通过下拉列表进行修改），输入交易手数，单击"确认"按钮，在左侧即可看到已经成交或委托成交的交易。

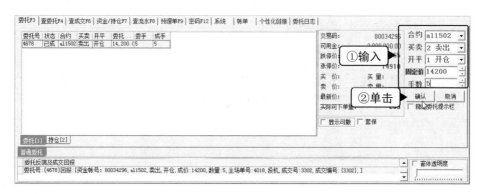

Step04 单击"资金/持仓"按钮，可查看该笔合约交易最近的盈亏情况及自己账户的资金情况。

5. 普通投资者如何选择期货合约

前面已经对期货的交易操作进行介绍，本章的最后，我们来看看，作为普通投资者该如何选择一份期货合约呢？

- **交易量选择**：投资者在选择品种的时候，最好是选择成交量大的合约，这样更具投资价值，同时这样的期货合约在进出场时较容易实现，市场上的基本面信息也更多。

- **合约熟悉性选择**：选择自己较为熟悉的合约品种，在现货市场会更有价格优势，让套期保值或套利更加稳定，另外从心理上出发，熟悉的品种对投资者的心理起着稳定的作用，避免出现慌乱下单。

- **交割月份选择**：当交割月份较远的合约的价格高于近期月份合约的价格时，做多头的投资者应买入近期月份合约，做空头的投资者应卖出远期月份合约。当远期月份合约的价格高于近期月份合约的价格时，合约的选择即是相反的。

- **期限选择**：一般来说，短期内出现剧烈波动的合约适合短线交易，而在一天之内价格几乎不变的合约则适合长线交易。

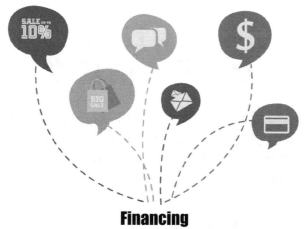

Financing
—— 一看就懂的理财产品全攻略（图解版）——

第 8 章

保险理财，
保险的同时兼顾收益

随着我国保险制度的普及，保险已经不再是一个新鲜的名词，然而因为市场的诸多原因，许多人对保险的认识还比较片面，本章从保险的不同产品出发，来看看各类保险该如何购买。

01
保险投资的基础

保险严格意义来说是一种转移风险的手段，是指投保人向保险人支付保险费，保险人与之签订保险合同，同时保险人对于合同约定的可能发生的事故因其发生所造成的财产损失承担赔偿保险金责任。要投资保险，就需要认识以下的基础内容。

1. 一份保险中有哪些因素

保险和其他投资产品不一样，它是我们向保险人进行投保，从而签订保险合同，那么在一份保险中，首先会有哪些参与对象呢？具体如下。

- **投保人**：投保人是保险合同中必须有的，是指与保险人订立保险合同，并按照保险合同负有支付保险费义务的人。

- **保险人**：保险人是指与投保人订立保险合同，并承担赔偿或者给付保险金责任的责任人，只能是法人，即保险公司。

- **被保险人**：被保险人就是保险标的所承担的人或物，在部分保险中，被保险人和受益人不能是同一人。

- **受益人**：是指人身保险合同中由被保险人或者投保人指定的享有保险金请求权的人，一般是保险金的获得者。

无论我们投资什么样的保险，以上四种"人"是缺一不可的，除此之外，一份保险还必须有表 8-1 所示的一些内容或参与方式。

表 8-1　保险中的因素

保险因素	定义
保费	购买保险的费用，即投保人交给保险公司的钱
保险金	当保险事故发生后，受益人领到的钱
保额	保险公司承担的最高赔偿限额

续表

保险因素	定义
保单	投保人与保险人约定保险权利义务关系的协议
保险标的	作为保险对象的财产及其有关利益或人的生命和身体
除外责任	保险公司不予赔偿的情况，如被保险人违法的行为等
缴费期	投保人向保险公司缴费的时间
保险期	从合同生效到保险终止的时间，保险期不等于缴费期
缴费方式	分为一次性缴纳或分开缴纳
核保	保险公司对保险对象进行评估，决定是否接受保险的过程
索赔	保险事故发生后，投保人和受益人向保险公司索赔的过程

2.　保险的投保流程

购买保险有一定的流程，并不是我们随意就可以参与购买的，同时购买保险的渠道有很多，如银行购买、网上购买、保险公司购买或通过保险代理人购买，但无论选择什么样的购买方式，完成一份保险的购买，都必须有如图 8-1 所示的流程。

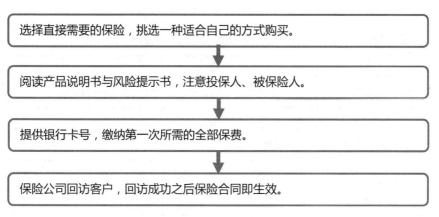

图 8-1　保险的购买流程

3.　发生意外的理赔流程

买保险容易，赔付困难，这是很多人对保险的认识，实际上，只要我们掌握了保险的理赔方式，理赔也是很容易的，下面来看一个例子。

王先生在一家外资公司担任管理工作，因为工作需要，李先生买了一辆汽车，并顺利购买了一份汽车全险。

买车以来，李先生一直小心驾驶，从来没有出过事故。可是在一个周末，部门的同事向李先生借车去吃饭，李先生不好意思拒绝，于是将车借给了同事。

第二天早上，李先生得知，因为昨晚同事喝酒比较多，在回来的路上撞到了马路的护栏，汽车的车头被撞得面目全非，发动机也有损坏。这位同事受了轻伤。

于是，李先生将汽车拖到4S店进行处理，工作人员表示，如果要修好汽车，起码要4万多元，于是李先生立刻打电话给保险公司。

经过审核，李先生的理赔并没有顺利完成，因为酒驾发生的事故，保险公司是不进行理赔的。

以上的李先生就是没有看清保险条款而造成无法理赔的情况，一般来说，正常的理赔需要有如图8-2所示的流程。

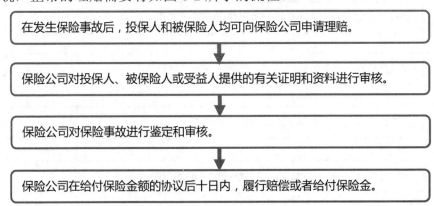

图 8-2　保险的理赔流程

在进行保险理赔时，事先准备好如下的资料会让理赔更加顺利。

● 保单的正本或副本，不能用复印件代替。

● 被保险人、受益人、代理人的身份证明及关系证明文件。

● 受益人的银行活期账号，需提供账号及银行卡复印件。

● 风险事故证明书，如住院证明、死亡证明等文件。

02
不同的保险产品

保险的种类有很多，包括疾病保险、意外保险、分红保险、投资连结险、年金保险及强制保险等，下面以各个保险公司详细的产品为例，来看看这些保险该如何投资。

1. 疾病保险——新华福星增额重大疾病保险产品解析

健康保险，顾名思义就是保证我们身体健康的保险，它是指保险公司通过疾病保险、医疗保险、失能收入损失保险和护理保险等方式对因健康原因导致的损失给付保险金的保险。

一般来说，健康保险有如下的内容。

● **医疗保险**：指以约定的医疗费用为给付保险金条件的保险，即提供医疗费用保障的保险，它是健康保险的主要内容之一。

● **疾病保险**：指以疾病为给付保险金条件的保险，包括有普通疾病保险和重大疾病保险两种形式。

● **收入保障保险**：是指当被保险人由于疾病或意外伤害导致残疾，丧失劳动能力不能工作以致失去收入或减少收入时，由保险人在一定期限内分期给付保险金的一种保险形式。

- **护理保险**：护理保险是因为年老、疾病或伤残而需要长期照顾的被保险人提供护理服务费用补偿的健康保险。

新华福星增额重大疾病保险是如今市面上非常好的一款健康保险，其产品条款主要有如下的内容。

- **险种**：重大疾病保险。

- **保额**：10 万元。

- **保费**：8 930 元/年（不同计算方式保费不同）。

- **保险期限**：终身。

- **身故保险金的给付**：10 万元 ×（1+3% × 保单经过整年度）。

- **重大疾病**：合同生效（或复效）一年内因疾病确诊初次发生合同所指重疾，给付实际交纳保费 × 1.1，合同终止。因意外或合同生效（或复效）一年后因疾病确诊初次发生合同所指重疾，给付基本保额 ×（1+3% × 保单经过整年度），合同终止。

- **选择缴费日期**：2 年缴保费。

- **投保年龄**：出生 30 天至 60 岁。

对于以上的这款保险，年缴纳保费较为便宜，非常适合家庭成员间的购买。

在购买新华福星增额重大疾病保险时，要确定如图 8-3 所示的内容。

需要体检后购买	普通健康险在购买时没有太多限制的，而疾病保险却需要一个较为严格的核保过程，当保额较低时，需要填写健康提示书；当保额较大时，保险公司会要求被保险人进行体检。
保额确定	健康保险的主要赔付依据是重疾或医疗费用，需要注意的是，越年轻的人购买同样的保额的保险，支付的保费越少，且并不是缴费越多，赔付就越多，可适度购买。

图 8-3　购买疾病保险的要点

购买技巧	健康险最好是长期购买，一些短期的健康险没有太大的购买价值。同时在购买时，一定要看清保险条款上的免除责任，不同的保险产品对不同的疾病有不同的赔付标准。
选购技巧	一个家庭或个人需要购买保险时，首先要考虑的就是健康保险，只有当人生健康得到保障之后，才可能有其他的分红理财保险的实现。

图 8-3　购买疾病保险的要点（续）

2.　意外保险——小张如何通过意外保险安心旅游

除了身体健康，意外事故也常常会使得我们的人身受到伤害，意外保险就是针对意外事故而设计的保险产品。

意外保险又称为人身意外或伤害保险，是指投保人向保险公司缴纳一定金额的保费，当被保险人在保险期限内遭受意外伤害，并以此为直接原因造成死亡或残废时，保险公司按照保险合同的约定向被保险人或受益人支付一定数量保险金的保险。

常见的意外保险如下。

● 普通意外险，期限较长，和健康险类似。

● 团体意外伤害保险和人身意外伤害保险，期限通常为一年。

● 针对出行的短期意外险产品，一次性缴费，通常保障期限在几天到十几天不等。

● 针对交通工具的意外险，保障期限也为一年。

● 专属的意外保险，如单次旅游保险、特殊岗位的暑热意外保险等。

● 意外卡单，随时激活随时生效，金额较小，期限一般为一年。

下面来看一款市场上较常见的旅游保险产品，以及旅游爱好者小张的获赔案例。

小张是一名旅游爱好者，今年 8 月，小张独自背包到某景区旅游，没想到在途中因雨天路滑，小张不慎从山坡滑落，造成了右腿的粉碎性骨折。

小张在医院接受医治时，告诉自己的家人，自己已经购买了一份旅游意外险，有如下所示的主要条款。

险种：旅游意外保险。

保费：180 元。

保险期限：2015 年 8 月 1 日至 2015 年 8 月 30 日。

意外身故/残疾保额：20 万元。

意外医疗保额：8 万元。

保障范围：在保险期限内发生的旅游意外。

选择缴费日期：一次性交清。

投保年龄：年满 18 周岁。

最终，小张并没有在此次事故中出现身故或残疾，因此无法获赔身故/残疾保险金。小张只是花费了一笔 6 万多元的手术费及康复治疗费，加上营业费、误工费等，小张从保险公司获得了 8 万元保险金.

下面来看看意外保险的投资技巧，如图 8-4 所示。

1	意外保险同样不是买得越多赔得越多，一般在个人意外伤害保险中，保险金额最低为 1 000 元，最高为 100 万元。
2	意外保险的期限有很多，如果有特殊的需要，可购买单次意外保险，一般意外保险和健康保险是同时合并购买的。
3	意外保险造成意外事故的调查是比较严格的，如酒后驾车等违法行为造成的意外是不予赔付的。

图 8-4　购买意外保险的技巧

3.　年金保险——中老年人为自己养老做足准备

除了针对疾病、意外的人身保险之外，保险市场还有很多分红型的"理财保险"，年金保险就是其中非常典型的类型。

年金保险，是指在被保险人生存期间，保险公司按照合同约定的金额与方式，在约定的期限内有规则地、定期地向被保险人给付保险金的保险。

首先通过一个简单的案例，介绍年金保险如何帮助我们进行养老规划。

今年 35 岁的王女士，是一家国有企业的员工，收入不错，且拥有社保，她在朋友的介绍下，准备利用年金保险来辅助养老。

通过对比，王女士选择了某保险公司的某款年金保险，具体为 10 年期缴保费，每年交保费 12 000 元。

这份保险的保障规定，从 60 岁开始领取至年满 85 周岁为止，按照合同规定王女士可获得如下保险保障：

领取养老金：从 60 周岁至 85 周岁前为止，每年领取 9 792 元，25 次共计领取养老金 244 800 元。

假如领取期间身故，将按约定领取期限内尚未领取的各期养老年金之和一次性给付身故保险金，合同终止。

身故保险金：如被保险人在开始领取养老金前因疾病身故，按所交保费与现金价值两项金额中的较大者进行赔付，本合同终止.

如被保险人在开始领取养老金前因意外伤害身故，按所交保险费的200%与现金价值较大者进行赔付，合同终止。

通过这份保险产品的购买，王女士可以在以后每年领取一笔钱，虽然不多，但更利于晚年的生活。如果不幸离世，也不会给子女增加过重的负担。

购买年金保险，一定要注意如下所示的细节。

- **期限**：年金保险以被保险人的生存为支付条件，因此适合长期投资。

- **给付**：年金保险保险金的给付时间各不相同，有即时领取与定时领取。

- **分红**：年金保险每年会参与保险公司的收益分红，其标准不确定。

- **缴费方式**：年金保险可以趸缴和期缴，但期缴更适合"年金"的性质。

- **安全**：年金保险有准备金储备制度保证，保证每年的年金发放。

- **保障方式**：年金的领取有最低保证年金、生存年金与定期生存年金。

4. 投资连结险——用保险进行投资理财

保险也具有投资理财的功能，这体现在保险公司将保费投入其他投资渠道中，从而进行获利，投资连结险就是专门进行理财的保险。

投资连结险的具体运作是指保险与投资挂钩，即一份保单在提供人寿保险时，其任何时刻的价值是根据其投资基金在当时的投资表现来决定的。

投资连结险的实际运作方式和年金保险类似，也有生存保险金与身故保险金，但其年金的多少与分红的高低与 4 个账户有关。

在进行其投资时，最好注意以下几点细节来规避风险。

- **投资账户分散**：我们在签订投资连结险保险合同的时候，会涉及 4 种投资账户的选择，与其他投资一样，最好根据自己的风险偏好，选择相对稳定与相对激进的账户相互组合。

- **账户转移**：保险投资是一项长期的过程，有的投资者在购买保险之后就不再过问。其实，投资连结险有一种账户转移功能，我们可以根据市场的变化，转移改变投资比例，更好地规避风险，创造价值。

- **不要盲目于收益**：投资连结险的收益率在某些情况下甚至会达到 50%～70%，这时不要盲目注重收益，因为高收益的背后还隐藏着高风险与更多的条款，比如长时间无法支取等。

- **收益领取方式**：投资连结险每年可能产生较多的收益，这时我们可以选择现金领取收益、将收益用于垫交下期保费、将收益继续用于累积生息等。

5. 社保——人人都需要的保险

随着我国经济的发展，社保已经普及到每个人的身边，然而许多人虽然在购买社保，也在使用社保，却并不清楚社保其中的细节，下面我们一起来认识它。

社保也称社会保险，是政府为丧失劳动能力、暂时失去劳动岗位或因健康原因造成损失的人口提供收入或补偿的一种社会和经济制度。社会保险的主要项目包括养老社会保险、医疗社会保险、失业保险、工伤保险及生育保险。

社保是一种强制保险，任何用人单位都必须购买，但是对个人而言，可以自由选择是否购买社保。同时在购买社保时，有如图 8-5 所示需要注意的细节。

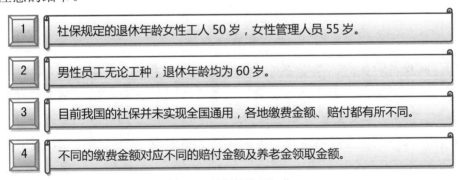

1 社保规定的退休年龄女性工人 50 岁，女性管理人员 55 岁。

2 男性员工无论工种，退休年龄均为 60 岁。

3 目前我国的社保并未实现全国通用，各地缴费金额、赔付都有所不同。

4 不同的缴费金额对应不同的赔付金额及养老金领取金额。

图 8-5　社保的购买细节

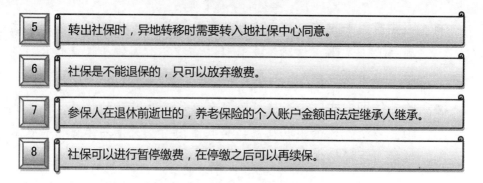

5	转出社保时，异地转移时需要转入地社保中心同意。
6	社保是不能退保的，只可以放弃缴费。
7	参保人在退休前逝世的，养老保险的个人账户金额由法定继承人继承。
8	社保可以进行暂停缴费，在停缴之后可以再续保。

图 8-5　社保的购买细节（续）

03
保险获利攻略

> 不同的保险有不同的购买方式，需要从选购原则、保费计算、购买渠道及网上操作等不同的细节上去购买适合自己的保险，在认识了不同的保险产品之后，下面介绍其投资获利攻略。

1. 看清银行买保险的"陷阱"

银行是我们购买保险的一大渠道之一，但是在银行购买保险，很容易被工作人员"忽悠"，下面来看一个例子。

李女士最近打算将40万元积蓄存入银行。

到银行存钱时，李女士听工作人员介绍说有一种银保理财产品，和定期存款差不多，每年存一次钱，一共存5次，这种产品的好处就是利息高、稳定。李女士一听心动了，问能不能将自己的40万元全存为这种产品，工作人员告诉她，最好是每年存，这样剩余的钱还可以投资其他产品。

最终，李女士在工作人员的建议下购买了10万元的这种银保产品，剩下的30万元购买了一款180天的保本型银行理财产品。银行的工作人员告诉她，10万元每年会产生近2万元的利息，再加上银行理财产品的收益，到了第5年就不需要再拿出本金了，也就是说，李女士的40万元，5年后会变成约60万元。

一年后，李女士接到了续交保费的电话，细心的她多问了一句：我存的钱可以取出来吗？不问不知道，一问吓一跳，原来李女士所购买的是一款保险产品，具体有以下主要条款。

首先10万元每年会产生利息加分红，大约是1.5万元，另外，剩余的钱购买银行理财产品是会逐年减少的，也就是说，按每期年化收益率5%计算，李女士4年后大约能拿到9万元的利息收益，还不足第5年的10万元保费。

最重要的一点，虽然会产生这么多的利息收益，但是在第5年满期之后总共缴纳的50万元是无法退还本金的，因为李女士所购买的是一款年金分红保险，到第5年，大概只能退还30多万元。

其实并不是保险有错误，也不是银行销售不允许，而是保险市场出现的"忽悠"现象让投资者遭到损失，在银行购买保险时，一定要注意如下所示的内容。

- 分清所购的产品是保险还是其他理财产品。
- 看清保险条款的缴费方式、分红方式等。
- 了解中途退保会有多少损失。
- 适度购买分红保险、投资连结险，明确风险的存在。

2. 在保险公司网站购买保险

购买保险，通过保险公司的网站自行购买是一种比较好的方式，虽然没有保险代理人进行推荐，但更能随心所欲地进行选择，下面介绍具体的操作。

Step01 进入中国平安官方网站（http://www.pingan.com），在"保险"选项卡中选择保险险种，单击其名称超链接。

Step02 在打开的页面中，即可看到该类保险不同的产品，选择要购买的产品，单击其右侧的"查看详情"按钮。

Step03 进入该保险产品介绍页面，详细查看各类保障、费用、理赔等信息，单击"立即报价"按钮。

Step04 网上购买保险可注册保险公司或银行账户，登录后可更好地管理账户。如要快速购买，则单击"不登录，直接购买"按钮。

Step05 在打开的页面中设置保障信息，系统自动显示价格，单击"立即投保"

按钮，在打开的健康告知书页面选中"全部未有"单选按钮，单击"下一步"按钮。

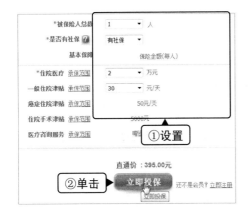

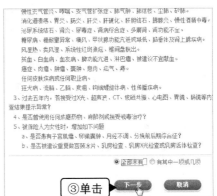

Step06 进入投保信息设置页面，分别设置投保人、被保险人及受益人的信息（投保人和被保险人可以为同一人）。

Step07 在该页面下方设置保险期限，选中"不需要寄送发票"单选按钮，单击"下一步"按钮。

Step08 在新打开的页面中确认投保信息，包括账户信息、投保人、被保险人资料及价格，选中下方"我同意"单选按钮，单击"下一步"按钮。

Step09 在新打开的页面中选择支付方式完成支付即可成功购买保险，之后个人手机与邮箱将收到保险电子合同。

3. 选择保险代理人购买保险

我们的身边经常会出现许多向我们推销保险的人，这些人就是保险代理人，是参保人与保险公司之间的一个纽带。

购买保险一般都是通过保险代理人进行，保险代理人可以为参保人带来以下的优势与服务。

- 保险代理人有销售的义务，因此可以快速找到保险产品。

- 代理人熟悉产品的优缺点，可为客户量身打造。

- 保险代理人会为客户提供持续的售前、售中、售后服务，如出现保险代理人辞职，可更换代理人。

- 代理人可为客户解决购买过程中的各种程序和问题。

- 随着保险的发展，需要"一对一"的职业服务。

4. 综合保险投资网站——向日葵保险网

保险公司与保险产品众多，如何选择一款比较好的又适合自己的呢？向日葵保险网是比较好的一种。

图 8-6 所示的内容是向日葵保险网的首页，只需输入信息，就可以看到和自己情况相符合的保险产品。

图 8-6　向日葵保险网首页

除此之外，向日葵保险网还会根据保险市场的需求，设计许多保险计划，参保人可根据资金的实际需求参考这些计划来买保险，具体如图 8-7 所示。

图 8-7　向日葵保险网保险计划

5. 生意人如何利用保险贷款

许多做生意的人群，会给自己及家人购买较大金额的保险，但当需要资金周转时，可以使用保险来向银行贷款，具体的名称叫作保单质押贷款。

王老板是个生意人，最近需要到银行贷款 200 万元，不过由于在资产评估上未达到银行要求，其个人贷款的申请被银行所拒绝。

某日，一个保险理财规划师给王老板出了一个主意。首先，王老板可以投保 200 万元的趸交保险产品，然后利用保单质押贷款可以贷出 160 万元的现金。这样，王老板在银行的资产评估就增加了 160 万元，同时还有 200 万元的保单。王老板按照这样的做法去做，果然顺利申请到了银行贷款。

王老板在拿到贷款之后先归还了保单贷款，由于时间较短，并未支付过多的利息，而趸交产品也不需要继续缴纳保费，王老板顺利解决了资金问题。

以上就是巧妙应用了保险单质押贷款与资产评估的例子，我们普通投资者在进行保单质押贷款时，需注意如图 8-8 所示的内容。

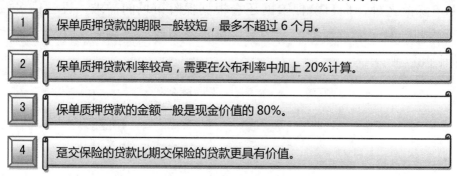

1	保单质押贷款的期限一般较短，最多不超过 6 个月。
2	保单质押贷款利率较高，需要在公布利率中加上 20%计算。
3	保单质押贷款的金额一般是现金价值的 80%。
4	趸交保险的贷款比期交保险的贷款更具有价值。

图 8-8　保单质押贷款的技巧

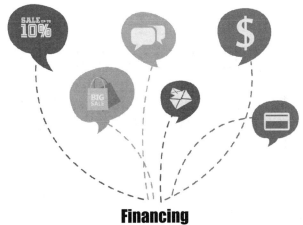

Financing
—— 一看就懂的理财产品全攻略（图解版）——

第 9 章

风云股市，
人人参与的理财产品

如果要问现在投资市场最火爆的方式是什么，首当其冲的就是股票。股票的种类有很多，参与方式也有很多，几乎是一种全民参与的状态，本书作为投资理财的参考书籍，本章来简单认识股票如何理财。

01
股票投资基础

> 虽然股票参与的人很多，但要进行股票的投资，首先也需要了解股票的交易方式与其市场特点，这样才能在股市站稳脚步，下面我们就简单来看看股票的交易与股市的特点。

1. 股票的类型与股市

股票是股份证书的简称，是股份公司为筹集资金而发行给股东作为持股凭证并借以取得股息和红利的一种有价证券。进行股票投资的人就是股票持有者，狭义的是指股东，广义的是指长期进行投资的人或机构。

我们常常会听到 A 股、B 股等名词，这实际上就是从发行的地方对股票进行分类，具体内容如下。

- A 股：人民币普通股票，由境内公司发行，使用人民币在我国交易的股票。

- B 股：人民币特殊股票，由境内公司发行，在我国境内以外币交易的股票。

- H 股：在我国内地注册，在我国香港上市发行的外资股。

- L 股：在我国内地注册，在伦敦上市发行的外资股。

- N 股：在我国内地注册，在纽约上市发行的外资股。

股市是一个非常庞大的交易市场，有股票发行者、股票投资者、中介机构、股票自律组织与监管机构参与其中。

股票交易的地方也叫作交易所，是指公司股票发行完毕后上市可以进行买卖交易的场所，我国一般是上海证券交易所与深圳证券交易所，具体如图 9-1 所示。

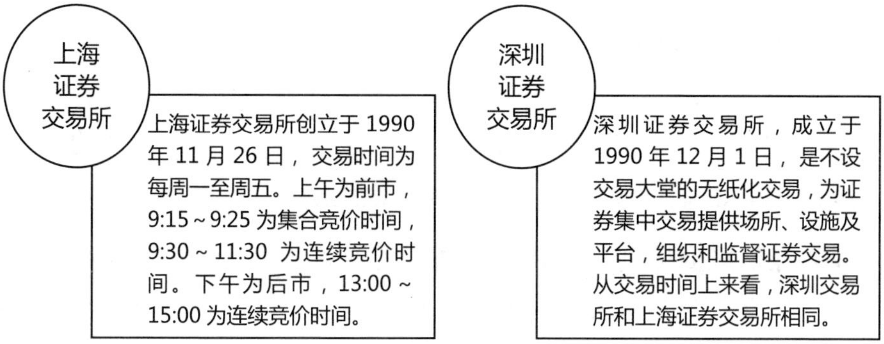

图 9-1　我国两大证券交易所

2.　看懂一只股票的价格涨跌

要投资股票，首先要明白其价格是如何表示的，在同花顺交易软件中，个股常常表示为图 9-2 所示的形式。

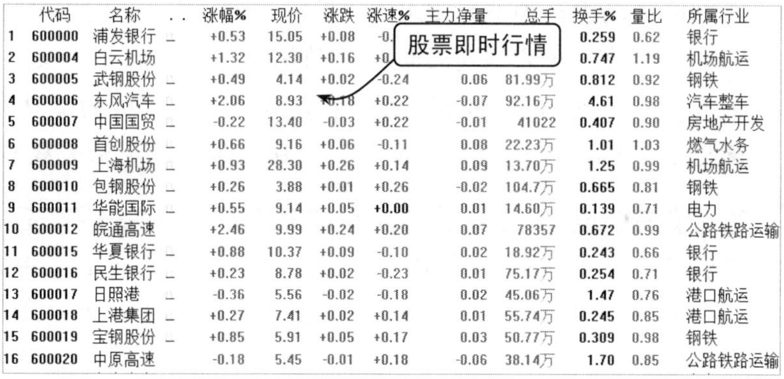

	代码	名称	涨幅%	现价	涨跌	涨速%	主力净量	总手	换手%	量比	所属行业
1	600000	浦发银行	+0.53	15.05	+0.08	-0.[illegible]	[illegible]	[illegible]	0.259	0.62	银行
2	600004	白云机场	+1.32	12.30	+0.16	+0[illegible]	[illegible]	[illegible]	0.747	1.19	机场航运
3	600005	武钢股份	+0.49	4.14	+0.02	-0.24	0.06	81.99万	0.812	0.92	钢铁
4	600006	东风汽车	+2.06	8.93	[illegible]	+0.22	-0.07	92.16万	4.61	0.98	汽车整车
5	600007	中国国贸	-0.22	13.40	-0.03	+0.22	-0.01	41022	0.407	0.90	房地产开发
6	600008	首创股份	+0.66	9.16	+0.06	-0.11	0.08	22.23万	1.01	1.03	燃气水务
7	600009	上海机场	+0.93	28.30	+0.26	+0.14	0.09	13.70万	1.25	0.99	机场航运
8	600010	包钢股份	+0.26	3.88	+0.01	+0.26	-0.02	104.7万	0.665	0.81	钢铁
9	600011	华能国际	+0.55	9.14	+0.05	+0.00	0.01	14.60万	0.139	0.71	电力
10	600012	皖通高速	+2.46	9.99	+0.24	+0.20	0.07	78357	0.672	0.99	公路铁路运输
11	600015	华夏银行	+0.88	10.37	+0.09	-0.10	0.02	18.92万	0.243	0.66	银行
12	600016	民生银行	+0.23	8.78	+0.02	-0.23	0.01	75.17万	0.254	0.71	银行
13	600017	日照港	-0.36	5.56	-0.02	-0.18	0.02	45.06万	1.47	0.76	港口航运
14	600018	上港集团	+0.27	7.41	+0.02	+0.14	0.01	55.74万	0.245	0.85	港口航运
15	600019	宝钢股份	+0.85	5.91	+0.05	+0.17	0.03	50.77万	0.309	0.98	钢铁
16	600020	中原高速	-0.18	5.45	-0.01	+0.18	-0.06	38.14万	1.70	0.85	公路铁路运输

图 9-2　个股列表

和上图一样我国股市一般红色代表该股票当前状况为涨（涨幅前有“+”号），绿色代表该股票当前状况为跌（跌幅前有“-”号）。

另外，A 股在上海证券交易所和深圳证券交易所的最小报价单位都为 0.01 元人民币，B 股在上海证券交易所为 0.001 美元。在深圳证券交易所为 0.01 港元。

3. 股市的交易制度

每一种投资工具都有其交易的制度，这是投资者必须遵守的规则，在股票市场，我们需要遵守以如下的交易制度。

- **竞价成交原则**：股票的经纪方式一般有集合竞价和连续竞价，其中集合竞价是将数笔委托报价或某个时段内的全部委托报价集中在一起，根据不高于申买价和不低于申卖价的原则产生一个成交价格。同时采用价格优先与时间优先的原则。

- **股票委托原则**：股票实行的是委托交易，在进行股票买卖委托的时候，买入委托必须为整百股，也就是说买入最低变动数量为 100 股；卖出委托可以为零股，但如有零股，必须一次性卖出；在股票停盘期间的委托无效。

- **涨跌停板制度**：所谓涨跌停板制度，就是指上市交易的 A 股和 B 股股票的交易分别实行价格涨跌幅限制。即在一个交易日内，除首日外，交易价格相对上一个交易日收市价格的涨跌幅度不得超过 10%，超过的部分无效，涨跌限价的委托为无效委托。

- **T+1 交易制度**：T+1 交易制度和前面所述的例子一样，是维护股市的稳定，实行的交易制度。除了当天买入下个交易日卖出之外，A 股股票卖出当天，需要等到下一个交易日才可以将投资者的资金提出来。

- **停牌与摘牌**：一只股票在上市之后，还会继续受到相关机构的监管，如果违反了证券上市规定，会被停牌与摘牌。

4. 股票如何完成买卖流程

要完成一次股票的买卖，实际就是进行委托交易，一般完成一次交易，需要经历如图 9-3 所示的流程。

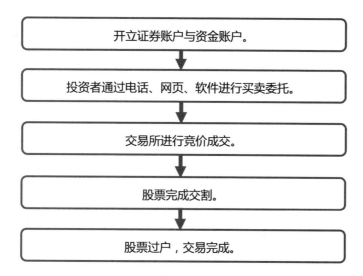

图 9-3　股票的交易流程

在这个过程中，有以下需要注意事项。

- 在开户时，携带身份证到证券公司营业部签订开户合同，同时要到银行办理银行卡，开立资金账户，办理第三方存管协议。

- 进行一次完成的买卖委托，必须要有买卖的股票的名称（或代码）、股票的操作方向、指定股票的买卖价格、指定股票的买卖数量。

- 竞价时，以不高于申买价和不低于申卖价的原则产生一个成交价格，在竞价过程中，通过一次次地对委托买入价格和委托卖出价格进行配对来产生价格。

- 电脑自动进行过户，一般成交完成，过户手续就已经办完。

02
不同情况下的股票分析

　　股票和其他理财方式不一样，它只有一种交易方式，而个股的数量非常多，因此进行产品介绍时，只能从不同情况来分析不同的股票类型，从而找到各类股票投资的方式。

1. 权重股分析——工商银行（601398）影响金融板块

权重股就是总股本巨大的上市公司股票，它的股票总数占股票市场股票总数的比重很大，权重股的涨跌对股票指数的影响很大，我国股市的十大权重股如下。

中国石油、工商银行、建设银行、农业银行、中国银行、中国石化、中国人寿、中国神华、中国平安、万科 A。

下面我们以工商银行（601398）为例，来看看如何分析权重股。

首先，工商银行（601398）在 2015 年 9 月 22 日有如表 9-1 所示的个股情况。

表 9-1　工商银行（601398）核心数据

项目	数据	项目	数据
每股净资产	4.242 元	市净率	1.05%
收入	3 562 亿元	净利率	41.95%
净利润	1 490 亿元	负债率	92.80%
ROE	18.86%	总值	15 824亿元
总股本	3 564 亿元	流值	11 971亿元
流通股	2 696 亿元	每股未分配利润	1.728元

从题材来看，工商银行（601398）属于如下的板块。

沪股通板块、大金融板块、上证 180 板块、北京板块、银行板块、AH 股板块、HS300 板块、融资融券板块、央视 50 板块、上证 50 板块。

以 2010 年 12 月 31 日收盘为基准，工商银行扣除 H 股后的市值为1.1118 万亿元（总股本为 3 490.185 4 亿股，H 股为 867.940 4 亿股，扣除 H 股后的股本为 2 622.245 0 亿股），占沪综合指数总市值的 6.14%（沪综指收盘 2 808.08 点，总市值为 18.118 9 万亿元）。即 A 股波动 1%，预计影响沪综指约 1.72 点。

另外，工商银行还发布了可转债，可转债于 2010 年 9 月 10 日起在上交所挂牌交易，证券简称"工行转债"，证券代码"113002"，规模达到了 250 亿元。

2015 年 9 月 23 日，工商银行（601398）价格下跌 1.58%，具体如图 9-4 所示。

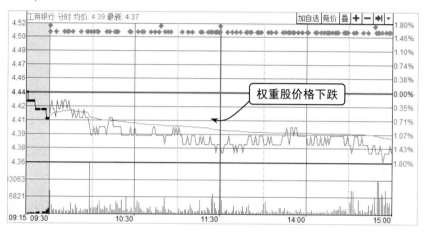

图 9-4　工商银行 2015 年 9 月 23 日价格分时图

因此在以后板块中，板块的行业指数价格下跌 2.1%，具体如图 9-5 所示。

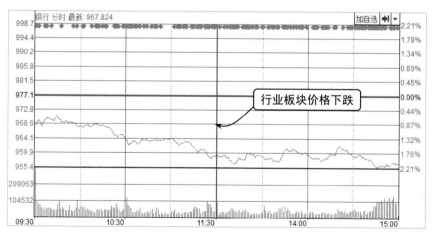

图 9-5　银行板块价格分时图

因为权重股和板块指数同时的下跌，当天银行板块的其他股票价格也出现下跌，华夏银行（600015）价格下跌了 2.41%，如图 9-6 所示。

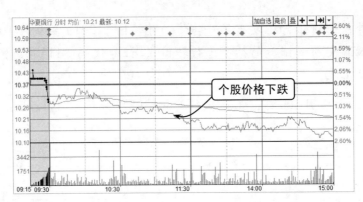

图 9-6　华夏银行（600015）价格分时图

2.　蓝筹股分析——保利地产（600048）

蓝筹股又称绩优股、实力股。是指经营管理良好，创利能力稳定、连年回报股东的公司股票。这类公司在行业景气和不景气时都有能力赚取利润，风险较小。

一般来说，蓝筹股多指长期稳定增长的、大型的、传统工业股及金融股，其中有以下几种蓝筹股。

● **一线蓝筹**：是指业绩稳定，流股盘和总股本较大，也就是权重较大的个股。

● **二线蓝筹股**：A 股市场中一般所说的二线蓝筹，是指在市值、行业地位上及知名度上略逊于以上所指的一线蓝筹公司。

● **绩优蓝筹股**：绩优蓝筹股当前的表现可能并不好，但是以往业内已经公认业绩优良、红利优厚、保持稳定增长。

● **大盘蓝筹股**：那些市值较大、业绩稳定、在行业内居于龙头地位并能对所在证券市场起到相当大影响的公司股票被称为大盘蓝筹股。

保利地产（600048）在 2015 年 9 月 23 日有如表 9-2 所示的个股情况。

表9-2　保利地产（600048）核心数据

项目	数据	项目	数据
每股净资产	5.971 元	市净率	1.35%
收入	423.4 亿元	净利率	13.94%
净利润	49.50 亿元	负债率	77.47%
ROE	7.79%	总值	865.8亿元
总股本	107.6 亿元	流值	865.8亿元
流通股	107.6 亿元	每股未分配利润	4.154元

2015 年 9 月 23 日，保利地产（600048）价格下 2.78%，具体如图 9-7 所示。

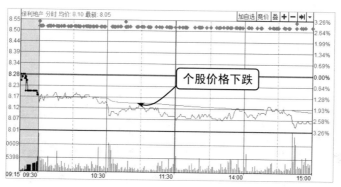

图 9-7　保利地产 2015 年 9 月 23 日价格分时图

在近几个月的价格 K 线图中，总体也呈现下跌趋势，如图 9-8 所示。

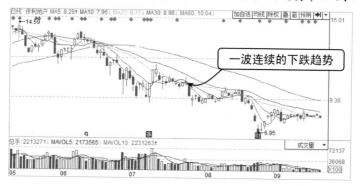

图 9-8　保利地产 2015 年 5～9 月价格 K 线图

虽然近期保利地产表现不好，但是保利公司是一级房地产开发商，是全国性大型房地产集团公司，土地储备丰富，在全国战略布局上采取的是以重点城市带动周边经济圈的发展策略，业务已延伸到珠三角、渤海湾、长三角、东北、中部、西部等地区。

另外保利地产具有较强的政府背景，公司实际控制人中保利集团是国资委直属大型国有独资企业，是一家从事贸易、地产、文化艺术、酒店管理等业务的多元化经营控股集团公司。

而从往期的表现来看，2006年6月至2007年11月一年多的时间，保利地产（600048）价格涨幅达到300%以上，如图9-9所示。

图9-9　保利地产2006年6月至2007年11月价格K线图

综上所述，保利地产（600048）是典型的蓝筹股，在后期价格一定会摆脱此时的低迷，投资者可以进行增持。

3. 垃圾股分析——中国中车（601766）

有表现好的股票，自然也有表现差的股票，垃圾股是指业绩较差的公司的股票，与绩优股相对应。这类上市公司或者由于行业前景不好，或者由于经营不善等，其股票在市场上的表现萎靡不振，股价走低，交投不活跃，年终分红也差。

中国中车（601766）是一家经营铁路机车车辆、城市轨道交通车辆、各类机电设备及零部件，属于行业的龙头板块，其有如表 9-3 所示的核心数据。

表9-3　中国中车（601766）核心数据

项目	数据	项目	数据
每股净资产	3.445 元	市净率	3.94%
收入	932.4 亿元	净利率	6.09%
净利润	46.99 亿元	负债率	64.58%
ROE	5.13%	总值	3 706亿元
总股本	272.9 亿元	流值	3 112亿元
流通股	229.2 亿元	每股未分配利润	1.271元

2014 年 12 月 30 日，中国南车和中国北车双双发布重组公告，中国南车 1.1:1 吸并北车，此消息发布后，南车和北车的股价突飞猛进，如图 9-10 所示。

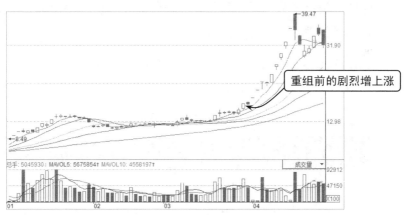

图 9-10　早期南车北车综合价格 K 线图

2015 年 5 月 7 日起中国南车、中国北车停牌并启动换股，6 月 8 日以中国中车（601766）复牌，复牌当日中车一字涨停后连跌 6 个交易日，甚至连续出现跌停，市值蒸发超 3 500 亿元，如图 9-11 所示。

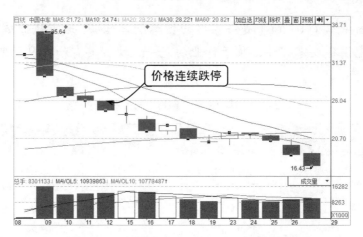

图 9-11　中国中车（601766）连续跌停

　　在这样的情况下，中国中车彻底成为 2015 年的垃圾股之一，后期表现也非常不好，建议做空或减持。

4.　新股申购——光力科技（300480）

　　新股就是指刚发行上市正常运作的股票，新股上市之后会出现较大的涨幅，因此很受人们的追捧。

　　光力科技公司主营煤矿安全监控设备及系统的研发、生产、销售，是 2015 年 6 月才开始进行新股申购的，重要有如表 9-4 所示的核心数据。

表 9-4　光力科技（300480）核心数据

项目	数据	项目	数据
每股净资产	6.382 元	市净率	8.53%
收入	6 546 万	净利率	26.29%
净利润	1 722 万	负债率	7.66%
ROE	5.75%	总值	26.29亿
总股本	9 200 万	流值	50.07亿
流通股	2 300 万	每股未分配利润	12.52亿

2015 年 7 月 2 日挂牌以来，至 8 月 4 日，光力科技（300480）价格并没有受到大盘整体下跌的影响，而是出现了 709.48% 的涨幅，具体如图 9-12 所示。

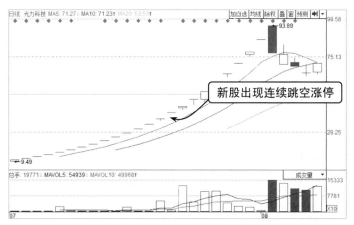

图 9-12　光力科技 2015 年 7～8 月价格 K 线图

5.　50 万元如何进行新股申购

新股的表现往往非常好，所有的人都希望买到新股，此时证券交易所采用新股申购的规则，由投资者进行"抢购"，下面来看一个例子。

王先生现在有 50 万元现金，他想进行某新股的申购，申购方式如下：

【申购】

股票将于 6 月 1 日在上海证券交易所发行，发行价为 5 元/股。王先生可在 6 月 1 日（T 日）上午 9:30～11:30 或下午 13:00～15:00，经由委托系统用这 50 万元最多申购 10 万股××股票。介入申购的资金将被冻结。

【配号】

申购日后的第二天（T+2 日），根据有用申购总量，配售新股。

若有效申购量小于或等于本次上网发行量，不需进行摇号抽签，所有配号都是中签号码，投资者按有用申购量认购股票。

如申购数量大于本次上网发行量，则经过摇号抽签，确定有效申购中签号码，每一中签号码认购一个申购单元新股。申购数量往往会远超过发行量。

【中签】

申购日后的第三天（T+3 日），将发布中签率，并按照总配号，由主承销商主持摇号抽签，确认摇号中签结果，并于摇号抽签后的第一个工作日(T+4 日)在指定媒体上发布中签号码。每一个中签号可以认购 1 000 股新股。

【资金解冻】

申购日后的第四天（T+4 日），发布中签号，对未中签部分的申购款进行解冻。

王先生假如中了 1 000 股，那么，将有 49.5 万元的资金回到账户中，若未能中签，则 50 万元资金将全数回笼。投资者还应注意到，发行人可以按照申购情况进行网上发行数量与网下发行数量的回拨，最终确定对网上申购者和网下申购者的股票分派量。

03
股票获利攻略

股票的投资，除了对个股进行分析之外，还需要掌握许多看盘、开户、下单的技巧，本章的最后，我们就通过详细的操作，来看看如何在股市中准确获利。

1. 买卖股票——同花顺软件操作

同花顺股票软件是一个提供行情显示、行情分析和行情交易的股票软件，在同花顺软件上，我们可以看到非常多的股票信息，包括个股信息、大盘板块走势、价格走势图及股票分析，同时还可进行股票的买卖。

■ 买入一只股票

买入一只股票的操作比较简单，具体如下。

Step01 在同花顺软件首页单击"买"按钮，在打开的页面中选择开户营业部，输入账号及密码，单击"确定"按钮登录账户。

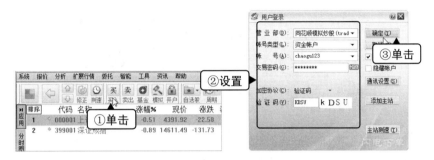

Step02 软件自动激活交易栏，输入证券代码和买入数量，系统自动显示价格与可买数量，单击"买入"按钮。

Step03 在打开的页面中确定交易信息，单击"是"按钮。

Step04 委托成交之后，在右侧的"持仓"栏中，即可看到股票持仓，包括具体的金额及盈亏状况。

证券代码	证券名称	股票余额	可用余额	冻结数量	盈亏	成本价	盈亏比(%)	市价	市值
600015	华夏银行	1000	1000	0	5408.130	10.882	49.86	16.290	16290.000
600018	上港集团	1000	0	1000	-21.430	10.441	-0.21	10.420	10420.000

■ 卖出一只股票

卖出一只股票的操作比较简单，具体如下。

Step01 在"持仓"栏中双击要进行卖出的股票选项，在左侧操作栏中输入卖出数量，单击"卖出"按钮。

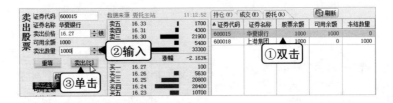

Step02 在打开的页面中确认卖出信息，单击"是"按钮即可成功卖出股票。

2. 在券商软件上买入股票

除了以上综合的投资软件外，券商也会提供自己研发或合作的软件用于股票操作，下面介绍如何在华西证券网上交易系统买入一只股票。

Step01 打开华西证券网上交易系统软件，进入登录页面，输入资金账号、交易密码及验证码，单击"登录"按钮。

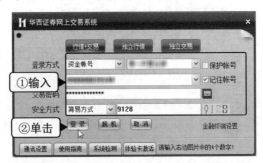

Step02 登录成功后会自动进入股票行情页面，可查看各种股票的价格情况，要进行交易，则单击右上方的"交易"按钮。

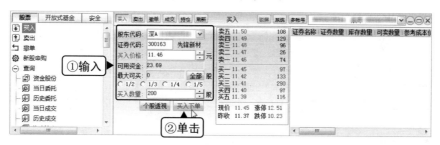

Step03 在软件下方会打开交易栏，在左侧选中交易类型选项，在中间的交易区输入股票代码与交易数量，单击"买入下单"按钮。

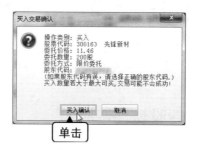

Step04 在打开的页面中确认买入股票信息，单击"买入确认"按钮即可成功完成买入委托。

3. 新手选择一只好的股票需要注意

　　所选股票的好坏可直接决定投资的成败。因此，选股要像选恋人一样慎重。在选择一只发展前景良好、获利性强，并且安全可靠的股票时，需要注意如图 9-13 所示的内容。

①获利能力大小

炒股的目的就是为了赚钱，因此，股票的获利大小是选股时不可忽略的一个问题。判断一支股票的获利能力大小，需要从股票的基本面进行分析，特别需要考虑公司经营管理能力、公司发展前景等因素。

②股票的成长性

股票的成长性也与投资者的收益密切相关。受整个社会经济形势的影响，某些行业必定会逐步退出经济市场，这些行业的股票自然会贬值。因此，在选择股票时，一定要看公司所处的行业是否为可持续发展行业，发展的前景是否良好。

③股票的竞争力

股票的竞争力是由公司在同行业中的竞争实力所决定的。竞争力强的股票的发行公司一般资金力量雄厚，经营管理良好，处于同行中的领先地位，在出现各种危机时，有足够的应对能力，或有国家相关政策的扶持。

④波动的大小

股价总是按一定的规律波动变化的，根据股票的特性不同，其波动大小也会有所不同。大起大落的波动适合短线高手操作。如果一只平稳的股票，突然暴涨数日，并伴随有较大的成交量，则该股票很可能发展成为一只短线黑马。

图 9-13　选择一只好股需要注意的几个问题

4.　散户如何利用炒股软件选股

在各类炒股软件中，提供了综合排名或股票排名功能，通过这些功能可以筛选出排名靠前的股票，这些股票通常都会是近期关注的热点，很多优质股经常都从排名靠前的股票中产生。

这里以通达信软件为例，如果要查看股票的综合排名，可通过选择"报价"下拉菜单的"综合排名/上证 A 股"命令，如图 9-14 所示。

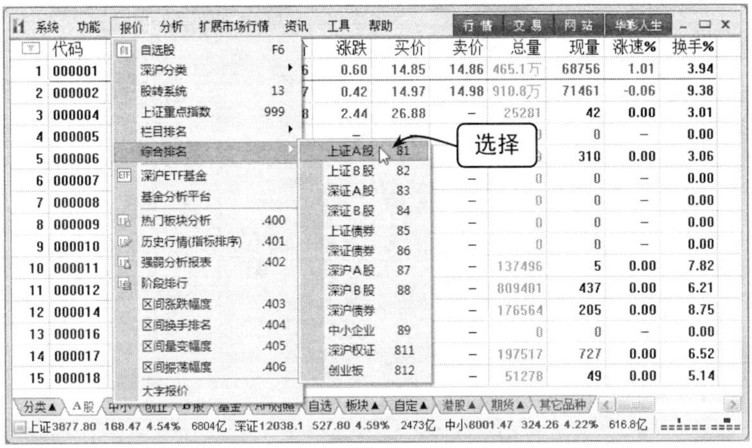

图 9-14　执行综合排名的查询命令

在打开的“综合排名”对话框中即可查看到当日的涨幅排名、跌幅排名、量比排名等股票信息，如图 9-15 所示。

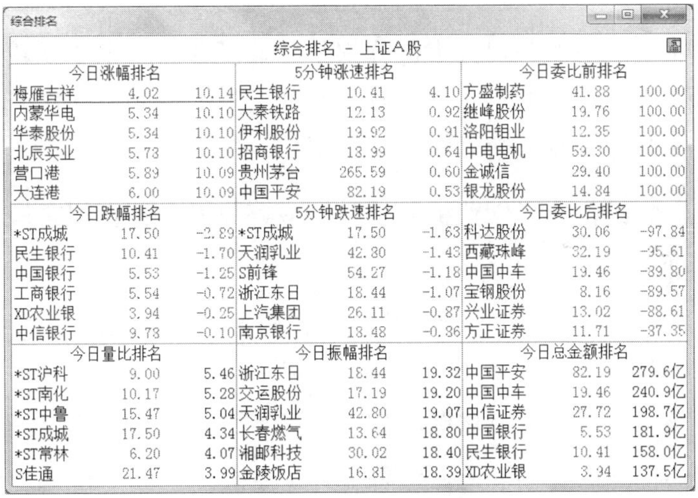

综合排名 - 上证A股

今日涨幅排名			5分钟涨速排名			今日委比前排名		
梅雁吉祥	4.02	10.14	民生银行	10.41	4.10	方盛制药	41.88	100.00
内蒙华电	5.34	10.10	大秦铁路	12.13	0.92	继峰股份	19.76	100.00
华泰股份	5.34	10.10	伊利股份	19.92	0.91	洛阳钼业	12.35	100.00
北辰实业	5.73	10.10	招商银行	18.99	0.64	中电电机	59.30	100.00
营口港	5.89	10.09	贵州茅台	265.59	0.60	金诚信	29.40	100.00
大连港	6.00	10.09	中国平安	82.19	0.53	银龙股份	14.84	100.00
今日跌幅排名			5分钟跌速排名			今日委比后排名		
*ST成城	17.50	-2.89	*ST成城	17.50	-1.63	科达股份	30.06	-97.84
民生银行	10.41	-1.70	天润乳业	42.80	-1.43	西藏珠峰	32.19	-95.61
中国银行	5.53	-1.25	S前锋	54.27	-1.18	中国中车	19.46	-89.80
工商银行	5.54	-0.72	浙江东日	18.44	-1.07	宝钢股份	8.16	-89.57
XD农业银	3.94	-0.25	上汽集团	26.11	-0.87	兴业证券	13.02	-88.61
中信银行	9.73	-0.10	南京银行	18.48	-0.36	方正证券	11.71	-87.35
今日量比排名			今日振幅排名			今日总金额排名		
*ST沪科	9.00	5.46	浙江东日	18.44	19.32	中国平安	82.19	279.6亿
*ST南化	10.17	5.28	交运股份	17.19	19.20	中国中车	19.46	240.9亿
*ST中鲁	15.47	5.04	天润乳业	42.80	19.07	中信证券	27.72	198.7亿
*ST成城	17.50	4.34	长春燃气	13.64	18.80	中国银行	5.53	181.9亿
*ST常林	6.20	4.07	湘邮科技	30.02	18.40	民生银行	10.41	158.0亿
S佳通	21.47	3.99	金陵饭店	16.81	18.39	XD农业银	3.94	137.5亿

图 9-15　查看综合排名信息

此外，也可以通过浮动工具栏上的“排名”按钮来快速查询排名，具体操作是：直接在浮动工具栏上单击“排名”按钮，在弹出的下拉菜单中选择需要查看的排名选项即可，如图 9-16 所示。

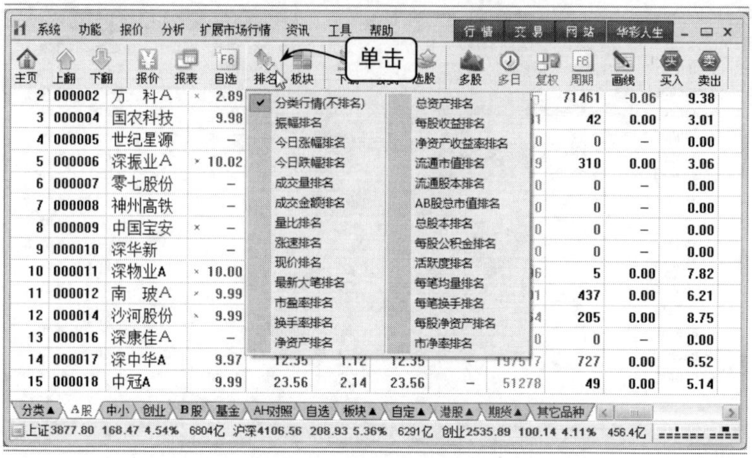

图 9-16　通过浮动工具栏查看排名信息

5.　选择政策刺激型创业股

在创业板上市的公司，大部分都是新能源和新技术的高新企业，这些企业由于所处领域的特殊性，政策对其发展的影响将非常明显，甚至能够对这些企业的发展起到决定性作用。

所以，股民在选择创业板股票时，应该先考虑符合国家最新政策的股票。

因为，这些上市公司受到国家最新政策的支持，能够享受税收优惠、政策优惠等各种降低成本的政策扶持。同时，由于所处行业是国内急需的朝阳产业，市场需求将逐渐增加。

选择适当的股票后，股民要进行技术分析，什么时候是合适的买入时机，这个属于技术分析的范畴，笔者也将带领股民一步一步完成这些过程。

新股上市通常会有一番不俗的表现，如果能申购到新股，或者新股上市之后及时买入，稳赚不赔的可能性较大，不过并不是每一只新股上市后的价格都远远高于发行价的，也有部分新股跌破了发行价。下面举个例子说明。

贵人鸟 2014 年 1 月 15 日发行股票，发行价格为 10.6 元，在 2014 年 1 月 24 日正式上市。图 9-17 所示为贵人鸟上市当日的分时图。

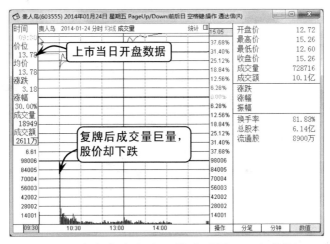

图 9-17　贵人鸟上市当日的分时图（开盘数据）

从图 9-17 中可以看出，该股当日以 13.78 元的价格高开，开盘股价涨幅达到 30%，停牌半小时后，该股成交量出现巨量，单价却出现下跌。

随后该股持续上涨，最终以 43.96% 的涨幅收出大阳线，当日收盘价为 15.26 元，如图 9-18 所示。

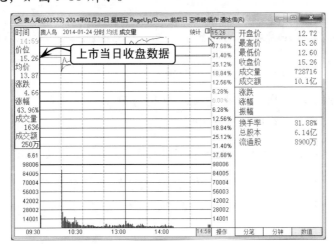

图 9-18　贵人鸟上市当日的分时图（收盘数据）

图 9-19 所示为贵人鸟上市后第 2～5 个交易日的分时图。

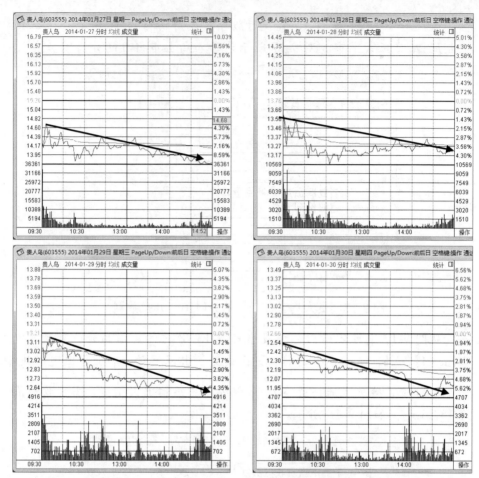

图 9-19　贵人鸟上市后第 2~5 个交易日的分时图

　　从图中可以看出，该股连续几个交易日都是低走的状态，其跌幅分别是 9.83%、4%、4.16% 和 5.29%。

　　图 9-20 所示为贵人鸟上市当日至 2014 年 4 月的 K 线图。

　　从图中可以看出，该股连续 4 天跳空低开拉低股价后，于 1 月 31 日的阳线报收止跌。随后股价出现短时间的上涨，但是最终在 15 元附近上涨受阻。

　　该股从上市到 2014 年 3 月初，股价始终在 12~15 元的价位区间宽幅波动变化。

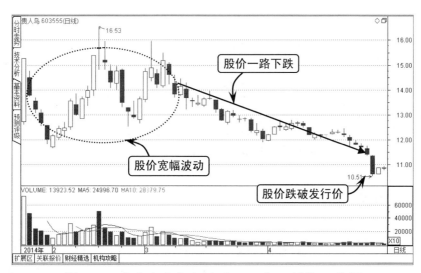

图 9-20 贵人鸟上市当日至 2014 年 4 月的 K 线图

随后该股持续下跌，经历了两个月的时间，股价甚至在 4 月底运行到 10.51 元的低位，该价格跌破了发行价 10.6 元。

由此可知，前期买入贵人鸟希望短期内赚一笔的投资者可能要失望了，由于市值受到严重的低估，上市之后不但没有一路上涨，反而在大幅波动变化后出现一路下跌的行情。

看来选新股也未必稳赚，投资者在选新股时仍需谨慎，不要妄想一口吃成大胖子，一定要从多方面考量，对新股的市值进行仔细评估。

6. 熊市选股

熊市多出现在经济不景气的时候，各行各业普遍低迷，很多上市公司出现业绩负增长或大幅度亏损的情况，那么此时建议选择如图 9-21 所示的股票。

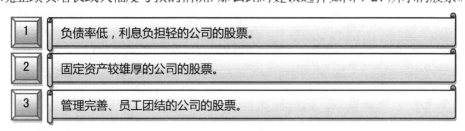

1	负债率低，利息负担轻的公司的股票。
2	固定资产较雄厚的公司的股票。
3	管理完善、员工团结的公司的股票。

图 9-21 熊市可选的股票类型

4	政策大力支持或垄断行业的股票。
5	能够保持正常经营的公司的股票。
6	产品具有市场竞争力的公司的股票。

图 9-21　熊市可选的股票类型（续）

7.　牛市选股

牛市是指市场中的股票普遍看涨，并延续了较长时间的大升市，牛市也就是常说的多头市场。例如，2007 年的大牛市，上证指数从 2 000 点附近涨到 6 000 点，创历史新高，深证成指也从 6 000 点飙升至 19 600 点附近。

又如，2014 年下半年后，上证指数也是从 2 000 点附近上涨到 2015 年 6 月的 5 000 点以上，也是经历了一波牛市行情，如图 9-22 所示。

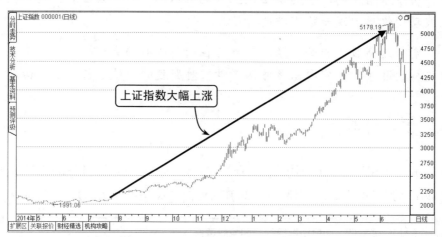

图 9-22　2014 年下半年至 2015 年上半年牛市行情表现

在牛市中，大多数股票都有不错的涨幅，其中部分股票价格涨幅超过数十倍，牛市选股的风险比熊市小很多，如果掌握选股的技巧，如 K 线技术、均线技术、量价关系技术及技术指标等，就能借助市场上攻的力量赚一笔，有关技术分析的相关知识，将在本书后面章节详细介绍。

8. 不要盲目追涨——浙江东日（600113）

股市的变化都是多样的，投资者在股票上升行情中要见好就收，不要盲目追涨，下面来看一个例子。

浙江东日（600113）在 2015 年 5 月 7 日结束了下跌行情，开始上涨。5 月 20 日，连续出现了 3 根阳线，某股民认为这是一次典型的上涨行情，于是以 15 元的价格买入浙江东日（600113）。

持股短短十几天之后，股价快速上涨到最高的 20.83 元附近，但是他并没有卖出股票，而是继续追涨。此后浙江东日（600113）股价开始回落，但是该股民认为股市只是暂时调整，还会继续上涨，仍然没有卖出股票。

随后股价持续下跌，最终在 7 月左右跌破买入价，并且后市继续狂跌，此时股民不仅没有赚到钱，反而亏损被套牢，这就是典型的盲目追涨，而且是在长时间的上涨行情中继续追涨，如图 9-23 所示。

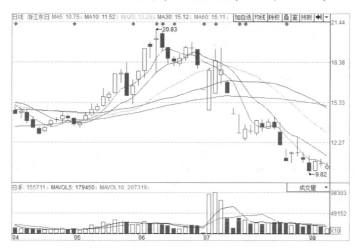

图 9-23　浙江东日（600113）价格 K 线图

9. 分段买卖股票

股价变动情况一般是很难预测准确的，此时我们可以采用分段购买的方式进行投资，具体操作如下。

- **分段买入股票**：分段买入股票可以避免当投资者一次性将资金全部购买股票后，股价下跌带来的损失，投资者采取分段买入。如果行情继续看好，可以再次追仓，如果行情看跌，此时也只是买入了一部分股票，这在一定程度上就降低了投资损失。

- **分段卖出股票**：分段卖出股票的原理与分段买入股票相似，当投资者一次性卖出股票后，持仓一段时间，发现股价回升，涨势良好，而现在手中却没有股票了。采用分段卖出策略，可以在股价回升时停止卖出，继续等待上涨，增加投资收益。

10. 股票快速获利攻略

本章节，简单地总结了一些非常实用的快速获利攻略，投资者可直接参考使用，具体如图 9-24 所示。

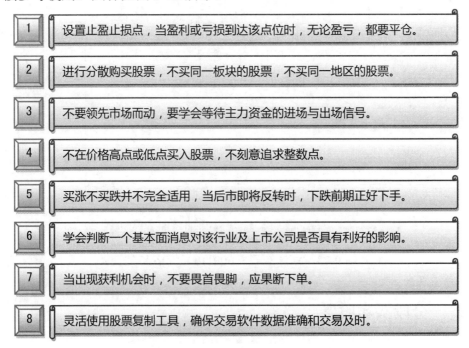

1	设置止盈止损点，当盈利或亏损到达该点位时，无论盈亏，都要平仓。
2	进行分散购买股票，不买同一板块的股票，不买同一地区的股票。
3	不要领先市场而动，要学会等待主力资金的进场与出场信号。
4	不在价格高点或低点买入股票，不刻意追求整数点。
5	买涨不买跌并不完全适用，当后市即将反转时，下跌前期正好下手。
6	学会判断一个基本面消息对该行业及上市公司是否具有利好的影响。
7	当出现获利机会时，不要畏首畏脚，应果断下单。
8	灵活使用股票复制工具，确保交易软件数据准确和交易及时。

图 9-24　股票快速获利攻略

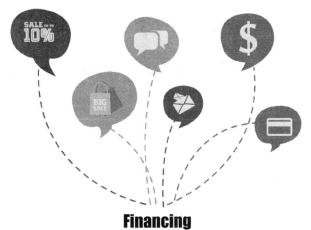

Financing
—— 一看就懂的理财产品全攻略（图解版）——

第 10 章

人人众筹，
汇聚众人力量理财

第三方支付、P2P 网贷、大数据金融、信息化金融机构、互联网金融门户、众筹是
目前公认的六大互联网金融服务。其中，众筹作为一种新颖的理财方式，让人人都
参与进来，汇聚微小的力量做更大的事。

01
众筹投资基础

> 所谓众筹，它是发起人利用互联网和社交网络的传播特性，通过众筹平台发布一个创意项目，投资人进行支持的行为。众筹可以让发起人有更强的力量，也可以让投资人获得回报。本章的开始，我们就从基础上来认识众筹。

1. 众筹会为我们带来什么

众筹无论发起还是参与，门槛都是比较低的，无论身份、地位、职业、年龄、性别，只要有想法有创造能力都可以发起项目。另外，项目类别包括设计、科技、音乐、影视、食品、漫画、出版、游戏、摄影等，各行各业的人都可参与其中。

众筹会为项目的支持者带来的好处如下。

- 对于喜欢参与各类投资的人来说，众筹虽然不像传统投资产品一样可以直接获利，但通过实物或服务来获得回报同样有投资的价值。

- 让个人参与到众筹项目中来，可以让支持者感觉自己也同样参与其发展，从心理上获得了满足。

- 参与众筹项目，就必须要拓展社交网络，在这个过程中可以获得更多的机会，从而让众筹发挥出项目之外的作用。

2. 众筹项目发起人

众筹的参与者有三方，分别是项目发起人、项目支持者与众筹平台。其中，众筹项目的发起人也就是筹资者，它们通过众筹平台，以项目发起人的身份号召公众介入产品的研发、试制和推广，通过获得资金的方式获得更好的市场响应。

一个众筹项目的发起者，需要完成如图 10-1 所示的事。

确定项目	确定一个项目需要非常详细的分析，如强化众筹模式的市场调研、产品预售和宣传推广等延伸功能等。因为如果一个项目并没有经过详细的审核，就会面临众筹失败的情形。
项目包装	好的项目需要精致的外表，确定了项目之后，我们就可以对众筹的项目进行包装。所谓包装，就是通过文字、图片、视频等形式来全方位地展示项目。
支持回报	要做好一个众筹项目，设置项目的支持方式与回报方式是非常重要的，虽然不同的众筹有不同的设置方法，但如果支持者认为个人的支持与回报无法平衡，则这样的众筹很难获得成功。
选择平台	选择一个好的平台进行众筹项目的发布，此时发起人应该详细考量该平台的专业程度与浏览数量。另外，不同的平台设置支持与回报的方式不同，选择平台可与前面的步骤同时进行。
支付回报	在众筹结束之后，如果众筹失败，项目发起人需要配合众筹平台将资金退还给支持者；如果众筹成功，发起人就会拿到所需的资金，在约定的时间到期后，支付给支持人相应的回报。
项目推广	一个好的众筹发起人，不仅需要掌握如上所示的基础操作，还需要对项目进行推广，如通过微博、微信等平台让更多的人看到众筹项目。

图 10-1　项目发起人要做的事

3.　众筹项目支持者

公众的支持者也就是项目的出资人，往往是数量庞大的互联网用户，他们利用在线支付方式对自己感兴趣的创意项目进行小额投资。

项目支持者对项目进行了支出，就意味着成为该项目的"股东"，但这种股东一般不具有实际权力，只有股权式的分红或实物回报。

作为众筹的支持者，参与众筹一般需要做到如图 10-2 所示的事。

确定投资	众筹的回报虽然不是直接回报资金，但它也是一项投资，因此在确定支持之前，也要对自己的资金情况与感兴趣的项目进行确定，避免草率参与。
选择平台	选择投资平台并不是项目发起人要做的事，也是支持者需要注意的，在确定投资者之前，投资者需要对平台的信用度与回报率进行考察，确保项目能够顺利完成获得回报。
考察项目	选择好平台之后，支持者就需要重点考察要投资的项目，内容包括项目标的、项目评级、支持等级、项目持续时间和回报方式等。通过这些内容最终确认是否参与投资。
支持项目	确认支持项目之后，支持的过程就是将资金转入众筹平台的过程。支持者需要注册众筹平台的账户，将银行卡绑定在账户上，并确定支付方式。
等待回报	支付完成后就完成了初期的项目支持。如果项目失败，众筹平台会返还投资资金；如果项目成功，就会收到相应的回报。最终完成此次众筹支持。

图 10-2　项目支持者要做的事

4.　众筹项目平台——众筹网

一个众筹项目是需要发布在专门的众筹平台的，众筹平台实际上就是连接项目发起人与支持者的中介机构，它既是众筹平台的搭建者，又是项目发起人的审核方、监督者和辅导者。

一个专业的众筹平台网站，需要做到如下所示的服务。

● 众筹平台首先需要有非常出色的网络支持，根据相关法律法规，采用虚拟运作的方式，将项目发起人的创意和融资需求信息发布在虚拟空间里。另外众筹平台还需要为项目双方提供不同的资金收付方式。

● 众筹平台需要对项目的发起人提供专业的辅导，帮助其对个人发布的项目进行包装。另外，众筹平台需要严格审核项目发起人的资质，通过项目评级的方式，规避非法集资等风险。

● 众筹平台是项目的支持者的利益维护者，不仅需要提供资金的担保平台，还需要在项目无法执行时，督促项目发起人退款给出资人。另外，如果项目成功，众筹平台需要督促项目发起人支付回报。

● 最后，众筹平台必须要明确自己的发展方向，是综合类众筹平台还是某类产品平台，另外还需要制作自己的众筹运行标准，如手续费收取等。众筹平台有义务对平台和好的项目进行推广。

在国内有非常多样的众筹平台，图 10-3 所示的页面，是目前国内最大的众筹网站之——众筹网。

图 10-3　众筹网首页

5.　简单认识不同的众筹类型

众筹经过长期的发展与摸索，目前发展成为了捐赠式、奖励式、股权式、债券式 4 种，具体内容如下。

● 捐赠式众筹就是投资者对项目进行无偿捐赠，一般没有任何回报或是回报为一些纪念型的实物，捐赠式众筹一般是由个人或公募基金会发起。

- 奖励式的众筹是目前最流行的众筹方式，也可以叫作回报式众筹，是指项目支持人在对项目进行支持之后，一般是获得相应服务或实物商品。

- 股权众筹主要指通过网络的较早期私募股权投资，目前的股权众筹网站大多针对的是机构投资人或者天使投资人。

- 所谓债权，实际上就是 P2P 网贷理财，投资者在 P2P 网站上进行投资，按投资比例获得债权，未来获取利息收益并收回本金（本书在下一章会详细介绍）。

02
不同的垂直众筹产品

垂直众筹是目前国内流行的众筹模式，简单来说就是根据标的物的种类来对众筹进行分类，比如农业、音乐、电影、演出等项目，都是垂直众筹中比较受欢迎的。下面我们就详细来认识一些成功的众筹项目。

1. 农业众筹——陕西周至华优黄心猕猴桃

如今许多农业工作者已经意识到在互联网上销售农产品的优势，而如果将农业与众筹结合，会有更大的优势。

下面我们来看一个农业众筹的案例。

【项目名称】

众筹陕西周至华优黄心猕猴桃。

【项目发起人】

陕西省科学技术厅下属猕猴桃研究院。

【产品包装】

项目包装主要是通过图片或者说明性文字进行，具体内容如图 10-4 所示。

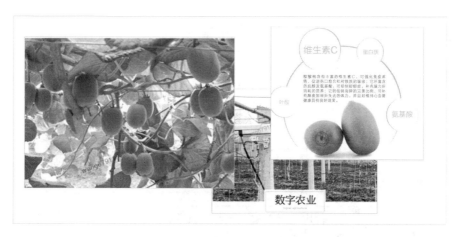

图 10-4　陕西周至华优黄心猕猴桃图片包装

【众筹目标】

项目必须在 2015 年 10 月 1 日之前，筹集到 6 000 元才可成功。

【支持等级与回报】

- **无私支持**：感谢您的无私奉献，您的这份捐赠将助我们的梦想飞得更高更远。

- **¥1 元**：支持我们一元钱，每满 70 人，随机抽出一位幸运者。获得一箱黄心猕猴桃。

- **¥98 元**：一箱优质黄心华优猕猴桃。

- **¥290 元**：三箱优质黄心华优猕猴桃。

- **¥470 元**：五箱优质黄心华优猕猴桃。

- **¥1 000 元**：五箱优质黄心华优猕猴桃，可以获得产品代理资格，享受代理价，代理价格为零售价的 8 折。支持金额获得等值的猕猴桃。

- **¥3 000 元**：39 箱优质黄心华优猕猴桃，获得产品代理资格，享受代理价，代理价格为零售价的 8 折。支持的金额获得等值的猕猴桃。同时优先获得明年发起的股权众筹资格。

2. 从猕猴桃看农业众筹的回报要点

农业众筹的产品在涉及回报时需要根据不同的产品进行不同的设置，如上诉的猕猴桃案例中，回报主要有实物回报与成为代理人，因此在设置时，就需要注意如图 10-5 所示的内容。

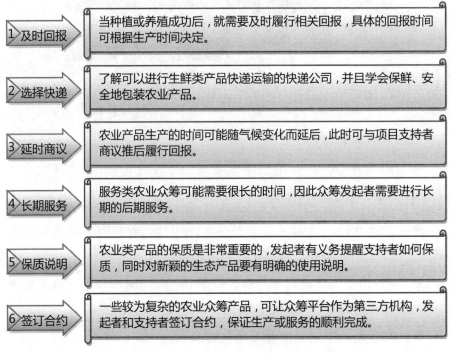

图 10-5　农业众筹的回报方法及要点

3. 科技类众筹——MIPOW 魔泡

科技类众筹已经是垂直回报类众筹中最常见的，下面来看一个例子。

【项目名称】

MIPOW 魔泡 Rainbow——APP 遥控变色 LED 智能灯泡。

【项目发起人】

科技类众筹项目的回报产品一般个人无法完成，因此项目发起人一般为公司或代理商。

MIPOW：从 2010 年成立以来，MIPOW 就展示出国际化的设计理念，与众不同的设计风格。其产品设计感与功能性兼备，造型简洁纯粹，时尚活力，典雅独特。

短短三年内在国际各项设计大奖上屡获殊荣，包括"设计奥斯卡"之称的德国红点设计奖和 iF 设计奖、日本 Good Design 大奖、美国 IDEA 大奖，共夺得 23 项国际设计大奖，其中 2012 年 2 项，2013 年 8 项，2014 年 13 项。

目前为止共获 62 项国家授权专利，其中实用新型专利 28 项，外观设计专利 34 项，在国际上备受瞩目。

【产品包装】

科技类众筹产品的图片包装不能是太过简单的原始照片，需要的是经过加工过的广告图片，这样才能更好地吸引投资者，如图 10-6 所示。

图 10-6　MIPOW 魔泡 Rainbow 众筹的图片包装

【目标与资金用途】

此项目必须在 2015 年 1 月 7 日前得到 5 000 元的支持才可成功，在项目结束后 30 天内给支持者发出产品。

【支持等级与回报】

● **无私支持**：将助 MIPOW 魔泡的梦想飞得更高更远。

● **￥1 元**：参与 1 元抽选体验活动的支持者，随机抽取 15 位幸运支持者，每位幸运支持者都将获得魔泡 MIPOW PlayBulb Rainbow 1 只。

- ¥98 元：MIPOW 智能灯泡一支（包邮）。

- ¥138 元：MIPOW 智能灯泡一支和 MIPOW 智能蜡烛 1 支（包邮）。

- ¥278 元：MIPOW 智能灯泡 3 支（包邮）。

- ¥878 元：MIPOW 智能灯泡 10 支（包邮）。

4. 用 C2B 模式发起科技类众筹

C2B 模式是一种全新的电子商务形式，是最直接服务于众筹的一种商业模式。

C2B 模式省掉了中间商，直接由生产企业供货，也就是全国人民一个价，其他渠道不掌握定价权。另外，C2B 产品价格组成结构合理，渠道透明，没有价格暴力，同时 C2B 模式的供应链透明，所有人都可以直接参与其中。

科技类产品因为使用人数较少，价格较高，因此 C2B 正好应用到了科技类产品中。在众筹时，可将以下的方式进行结合。

- **满足不同需求**：首先通过成熟的模块组合快速形成产品的个性化，同时这些个性化的产品方案可以满足不同群体的需求。在这样的情况下，可实现一定的规模化，如一款手机有不同的内存。

- **客户参与**：C2B 可以让潜在用户参与到产品的设计之中，因为关心科技类产品的人大多具有一定专业的水准，这让产品的更新换代周期越来越短，同时也让质量更加过硬。

- **预售模式**：预售模式是非常成熟的一种 C2B 模式，厂商通过互联网平台对产品的功能特点进行征集和投票，同时先把用户的钱收了，然后根据结果进行产品设计。

- **个性化生产**：厂商会面向个体进行个性化生产，这种模式可以为每个用户量身打造不同的产品，例如有个人照片的手表、电脑刻字等，因为产品本身比较难推出新品，因此通过这种手段加强营销。

5. 演出众筹——芭蕾舞《睡美人》

演出类众筹的主要回报方式是门票销售或票房分红，下面首先来看一个演出众筹的例子。

【众筹名称确定】

北京·爱乐汇·俄罗斯芭蕾国家剧院芭蕾舞《睡美人》。

【发布者情况介绍】

俄罗斯莫斯科州俄罗斯芭蕾国家剧院是俄罗斯国家文化部直属领导的国家级艺术团体，具有该国一类演出资质，曾出访 80 多个国家和地区，具有国际一流的演出品质及荣誉。

【项目包装】

第一幕：御花园里欢庆公主已成年。阿罗拉和前来求婚的王子们邀请她跳舞，但她并未垂青于他们中的任何一人……

此外，需要详细的图片或视频包装，将该演出往期的照片或演员的表演展示出来，具体如图 10-7 所示。

图 10-7 《睡美人》图片包装

【演出信息展公示】

- **演出时间**：2014 年 09 月 27 日至 2014 年 9 月 28 日。

- **演出场馆**：北京保利剧院。

- **演出票价**：80 元、180 元、280 元、380 元、580 元、680 元、880 元、1 280 元。

- **温馨提示**：1.2 米以下儿童谢绝入场。

- **退票信息**：由于演出的特殊性，本众筹项目不接受任何形式的退票和退款。

【筹资目标】

此项目必须在 2014 年 9 月 26 日前得到 3 000 元的支持才可成功。

【支持等级与回报】

- **无私支持**：将助北京•爱乐汇•俄罗斯芭蕾国家剧院芭蕾舞《睡美人》的梦想飞得更高更远。

- **¥252 元**：将回报价值 280 元的演出票一张。

- **¥342 元**：将回报价值 380 元的演出票一张。

- **¥522 元**：将回报价值 580 元的演出票一张。

- **¥792 元**：将回报价值 880 元的演出票一张。

- **¥800 元**：将回报价值 580 元的演出票两张。

6. 一次商业演出的流程

要进行商业演出的众筹，不仅需要对众筹有所了解，还需要了解一次商业演出的流程，才能确保众筹的顺利完成，具体如图 10-8 所示。

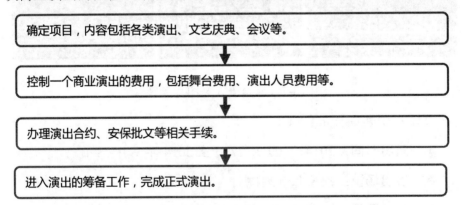

图 10-8　演出的正式流程

7.　公益众筹——用行动拯救"迷失的家园"

在众筹中，公益众筹是比较特殊的，因为所获得的回报从商品价值上与支持并不符合，完全是公益性质的。

一些人往往利用公益和慈善空子博取人们的同情心，在无条件捐赠的情况下从中获得利益，这需要参与者格外注意。

下面来看一个公益众筹的案例。

【众筹名称确定】

用行动拯救"迷失的家园"。

【发布者情况介绍】

万向信托—中国自然保护公益信托，是经过银监会批准的，国内首个自然保护公益信托。

其宗旨是无偿捐助中国境内自然环境和生态保护公益项目，发展中国的自然环境保护事业，维护生态环境。

【项目包装】

如果有一天，当苍穹不再蔚蓝，当碧水不再澄澈，当茂林不再繁盛，当沃土不再富饶，当"鹰击长空，鱼翔浅底"只成为曾经的口述诗篇，我们再也无法亲眼所见。

当一切曾经美好又亲切的大自然造物皆化为满目疮痍，我们终将成为那"断肠人"，行走于消逝，再也无法找到曾经的美好。

如果有相关的图片，同样可以进行展示，如图 10-9 所示。

图 10-9　6m^{2}植被恢复计划相关图片

【资金使用情况公示】

6m² 项目将筛选出 3 000 亩适宜地块，在之后的五年内种活约 34 万株高山针叶林树苗，并进行长期（25 年）管护。每株投入树苗种植、管护成本预计 20 元人民币/株。

- **信托监察人**：德勤华永会计师事务所北京分所。

- **资金保管人**：中国工商银行浙江省分行。

- **法律顾问**：上海市锦天城律师事务所。

【筹资目标与支持等级】

此项目必须在 2015 年 2 月 2 日前得到 100 000 元的支持才可成功。

- **无私支持**：这份捐赠将助"迷失的家园"的梦想飞得更高更远。

- **¥1 元**：将会收到由中国自然保护公益信托发出的感谢信。

- **¥50 元**：将会收到由中国自然保护公益信托发出的感谢信（电子版）和老河沟自然保护公益项目、滇金丝猴保护项目和云南普达措国家公园精美影集（电子版）。

- **¥100 元**：将会收到由中国自然保护公益信托发出的感谢信及"6m² 项目"的志愿者手绘书签 。

- **¥500 元**：将会收到由中国自然保护公益信托发出的感谢信（电子版）及老君山植物手绘书签。

- **¥30 000 元**：将会收到由中国自然保护公益信托发出的感谢信，还可以参加 2015 腾讯冬令营活动，亲临腾讯、微信总部，与众腾讯高管面对面交流。

03
众筹的参与攻略

我们参与众筹，主要是在众筹平台上进行操作，为了在众筹领域中走得更加稳定，更好更轻松地参与众筹，还需要了解一些众筹的小技巧，本章的最后就来看看这些技巧与操作。

1. 注册众筹网账户

注册众筹网账户是参与众筹的第一步，具体的操作如下。

Step01 进入众筹网首页（http://www.zhongchou.com/），可看到如下图所示的页面，在上方的工具栏右侧单击"注册"按钮。

Step02 在打开的对话框中输入手机号码、密码、验证码，单击"发送手机验证码"按钮，输入手机收到的验证码，单击"注册"按钮即可完成众筹网账号注册。

2. 如何支持一个众筹项目

要对自己喜欢的众筹项目进行支持，其操作也是非常简单的，具体步骤如下。

Step01 进入一个众筹项目页面，在右侧的支持等级上方单击"喜欢"按钮，即可将该项目加入收藏，在"喜欢的项目"页面中可保存该项目，方便下次查看。

Step02 要支持一个项目，需要在支持栏中查看不同的支持等级，选择自己要支持的等级单击其下方的"支持"按钮，比如单击"支持¥99"按钮。

Step03 在打开的页面上方选中收货地址单选按钮，确定支付信息，如果有需要备注的信息，可在"给项目发起者留言"栏中输入文本。

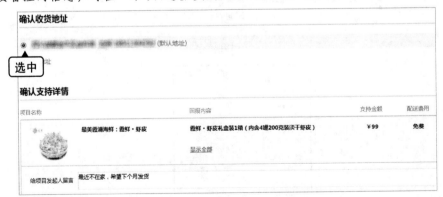

Step04 在该页面下方有不同的支付方式，选择支付方式后单击"确认付款"按钮，完成支付后即可成功支持项目。

3. 什么样的众筹项目容易成功

如果是作为项目的发起人，我们就需要对项目有全方位的把控，那么什么样的项目才容易被众筹平台审核通过，什么样的项目又容易成功筹资呢？具体内容如图 10-10 所示。

科技众筹
科技众筹项目发起者可以勇于挑战权威的智能硬件，让人一看就忍不住想买的实用性电子产品，也可以是新奇有趣、改造传统行业的创新型 APP。众筹平台将提供项目包装、媒体宣传、供应链合作、渠道资源和融资等一系列的上下游服务。

农业众筹
通过互联网新农人和农业创业者提供众筹服务平台，以特色农产品、农场或农业相关产品与服务为核心，项目产品必须为质量合格产品，加工产品需提供资质证明和相关质检报告。

艺术众筹
艺术家及手工艺者提供面向大众推广的平台，内容包括艺术家的个人创作活动项目；面向初级收藏的文玩艺术品、有创意的工艺美术品众筹项目；提供品质生活服务的众筹项目等。

娱乐众筹
娱乐众筹筹备、策划之时，要真正地让参与者全身心参与到娱乐中来。娱乐众筹主要包含两方面，一是明星与粉丝众筹、二是传统的音乐、影视、话剧、舞台剧的筹拍与预售。

出版众筹
以国家允许出版的正规出版物为核心，以出版物内容、作者为载体的产品及其衍生的商品、活动，例如图书出版本身、图书周边及相关文化衍生品，新书发布会、作者签售会等。

图 10-10　项目发起的技巧

商铺众筹	以实体商铺投融资为核心，搭建一个高效、安全、快捷的互联网众筹平台，无论是开新店、开分店还是商铺的改扩建，都可以拥有最广阔的众筹平台，筛选出最优秀的商铺项目。
公益众筹	一般是为公益组织或个人提供公益众筹项目策划、筹资及传播，鼓励发起创意性公益活动、社会创新项目以及跨界合作的公益项目，切勿追求治病等个人利益的公益项目。

图 10-10　项目发起的技巧（续）

4.　将众筹项目推广到 QQ 空间

截至 2014 年，我国有一半以上的网民通过社交网络沟通交流、分享信息，社交网络已成为覆盖用户最广、传播影响最大、商业价值最高的网络业务。

国内网民的社交平台有很多，常见的有 QQ 空间、微博、朋友圈等，为了让身边的好友发现自己的众筹项目，我们可以将其发布在社交网络中，只需一键转载就可以将众筹项目发布到社交平台，具体我们来看看将众筹项目分享到 QQ 空间。

Step01 进入自己要进行推广的项目页面，单击标题下方的" ➕ "按钮，在打开的下拉菜单中选择"QQ空间"选项。

Step02 在打开的窗口中输入想要评论或进行推广的文字，单击"分享"按钮。需要注意的是，此时需要登录QQ号。

Step03 进入个人QQ空间，就可以看到已经分享成功的众筹项目，只要是您的QQ好友，就可以查看到该项目了。

5. 众筹项目失败了怎么办

众筹平台一般会对新发布的众筹项目进行 3 次审核，在这 3 次审核中，任何一次无法通过，众筹都不能上线。那么如果出现了失败，我们应该怎么办呢？

■ 第一次审核失败

如果在第一次发布时就出现审核失败，则是项目发布流程不完整，需要退回去检查项目名称、简介、文字、图片包装、发起者账户信息、3个以上的支持等级与回报是否都设置完整,检查完整后可再次发布项目。

■ **第二次审核失败**

第二次审核是由众筹平台通过电话或邮件的方式联系项目发起人，如果联系不上，会宣布审核失败，因此需要时刻保持手机的畅通。

在审核过程中，可能要求项目发起者提供项目的相关证明材料，如专利证书、生产许可证、代理证书等。如果无法提供平台要求的资料，审核就会失败。

■ **第三次审核失败**

第三次审核失败一般是因为项目没有可行性，可能无法在众筹平台完整筹资。

此时项目发起者需要重新对项目进行立项与包装，找出足够的众筹亮点，然后重新发布到平台。但这个过程需要从第一次审核开始。

Financing

—— 一看就懂的理财产品全攻略（图解版）——

第 11 章

网贷 P2P，
个人借贷成为理财工具

在第 10 章中我们介绍到，P2P 网贷是互联网金融六大模式之一，它是通过点对点的模式进行借贷，让筹资人获得资金，让贷款人获得利息。本章我们就简单来认识一些 P2P 网贷理财的产品与攻略。

01
P2P 投资基础

> P2P 是 peer-to-peer 的缩写，可以理解为"点对点"的意思，或称为对等联网。P2P 直接将人们联系起来，让人们通过互联网直接交互。接下来我们就来认识 P2P 理财。

1. P2P 理财的金融模式

P2P 成为一种金融模式，简单来说就是个人通过第三方平台在收取一定费用的前提下向其他个人提供小额借贷。

其主要的参与者一个是将资金借出的客户，另一个是需要贷款的客户。P2P 的运行模式如图 11-1 所示。

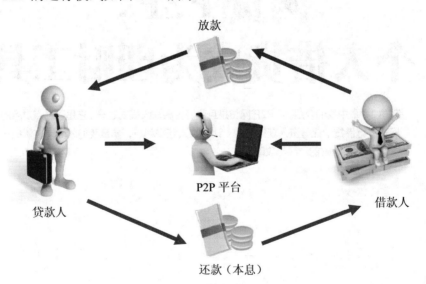

图 11-1　P2P 运行模式

P2P 作为一种全新的互联网金融模式，有如下所示的特点。

- P2P 平台本身不吸储，不放贷，它只提供金融信息服务，作为借贷双方的中介存在。

- 每个人都可以很轻松地参与 P2P，无论多少金额，都可以参与到借款中。

- P2P 平台的交易模式多为"一对多"，即一笔借款既可以由一个人参与投资，也可以由多个人参与。

- P2P 平台作为信息发布平台，会对贷款者进行较为严格的审核。

2. P2P 与众筹的区别

P2P 是和众筹并列的互联网金融，P2P 又是众筹中的债券式众筹，那么它们之间有什么区别呢？具体如表 11-1 所示。

表 11-1　P2P 与众筹的对比

项目	P2P	普通众筹
回报	以利息为回报	除了股权式众筹，回报多是实物或相关服务
筹资对象	主要对象是有资金需要的企业和个人	筹资对象比债券式众筹更广，任何创意都可以参与
投资方金额	投资金额可多可少，按比例进行分红	必须按照筹资人设置的投资等级支持
投资平台	有专门的平台	通过众筹平台参与
时间期限	投资期限可长可短，有明确的还款时间	投资期限上一般以某个事件的结束为判断依据

3. P2P 的三种模式

P2P 经过长期的发展，在运营过程中，出现了 3 种较为常见的模式，具体如图 11-2 所示。

纯平台线上模式	这是纯粹的 P2P，在这种平台模式上纯粹进行信息匹配，帮助资金借贷双方更好地进行资金匹配，但缺点明显，这种线上模式并不参与担保。
债权转让模式	平台本身先行放贷，再将债权放到平台进行转让，很明显能让企业提高融资端的工作效率，但容易出现资金池，不能让资金充分发挥效益。
本金担保模式	这是提供本金甚至利用利息担保的 P2P 模式，这种模式是金融市场的主流模式，本金担保的 P2P 模式实质是间接接触资金的概念。

图 11-2　P2P 的 3 种方式

4.　P2P 的发起人与支持者

和众筹一样，P2P 网贷有项目发起者和项目支持者双方，这是完全相对互相合作的双方，具体内容如下。

■ 项目发起人

我们将资金用来买银行的理财产品，银行将这些钱投入某个领域，这就是银行理财。

P2P 项目的发起人可以是如下的一些。

- 需要解决资金问题的人。
- 对产品的销售有困难的创业者。
- 小微企业的经营者。
- 个人财务困难，有抵押物的人
- 公益等其他项目的爱好者。

■ 项目支持者

作为项目的支持者，可以是以下的一些人。

● 有一定的资金净值，想进行投资理财的人。

● 短期内资金闲置的人。

● 想进行定期积蓄的人。

● 对互联网金融比较了解，善于发现新事物的人。

02
不同的 P2P 产品

在互联网上，有非常丰富的 P2P 平台与产品，如个人经营类产品、电商类产品等。下面，我们就通过详细的产品列举，来看看这些不同的 P2P 产品该如何投资。

1. 个人消费 P2P——人人贷装修贷款

个人消费是 P2P 理财中最常见的一种，它一般是个人进行项目的发布，是散标投资的一种。下面来看一个以装修为标的的个人消费 P2P。

P2P 名称：个人装修贷款

筹资基础如表 11-2 所示。

表 11-2　装修贷款项目

项目	数据	项目	数据
标的总额	￥45 300	提前还款费率	0.00%
年利率	12.00%	还款方式	等额本息
还款期限	36月	还款频率	按月还款
保障方式	本金+利息	月还本息（元）	1503.96

对于个人贷款，一般有如图 11-3 所示的个人用户信息与信用档案，这是个人消费贷款 P2P 最重要的信息之一。

昵　称	XuYY_1... ♀	公司行业	教育/培训	收入范围	2000-5000元
年　龄	39	公司规模	10人以下	房　产	☐有 ☑无
学　历	大专	岗位职位	一般正式员工	房　贷	☐有 ☑无
学　校	--	工作城市	河南 新乡市	车　产	☐有 ☑无
婚　姻	离异	工作时间	1年（含）以下	车　贷	☐有 ☑无

信用档案 Ⓐ					
申请借款（笔）	1	信用额度（元）	45,300.00	逾期金额（元）	0.00
成功借款（笔）	0	借款总额（元）	0.00	逾期次数（次）	0
还清笔数（笔）	0	待还本息（元）	0.00	严重逾期（笔）	0

图 11-3　个人消费贷款信息

　　以上的这个个人消费贷款，贷款金额不大，且还款的年化利率较高，投资者可进行投资。

　　另外，从贷款人的个人信用档案来看，评级为 A 级，借款人的此次借款是比较安全的。

2.　个人消费贷款 P2P 中的信用等级与认证

　　信用等级是个人消费贷款 P2P 中非常重要的，人人贷平台用分数范围、信用分数和信用等级表示借款人的信用属性，也是理财人判断借款人违约风险的重要依据之一。通常来讲借款人信用等级越高，其相应的费用越低，对应的借款成功率也越高。

　　目前信用等级由高到低分为 AA、A、B、C、D、E 和 HR。除此之外，还有以下两种认证方式帮助判断借款人的信用。

- **实地认证**：这是人人贷与友信共同推出的一款全新产品。该产品延续了人人贷求真务实的经营理念，在原有严格审核的基础上，增加了友信前端工作人员对借款人情况的实地走访、审核调查及后续的贷中、贷后服务环节。

- **机构担保**：这是指人人贷的合作伙伴为相应的借款承担连带保

证责任的借款标的。所谓连带保证责任即连带保证人对债务人负连带责任，无论主债务人的财产是否能够清偿债务，债权人均有权要求保证人履行保证义务。

3. 平台借款产品——人人贷U计划

除了个人发布的散标之外，P2P 平台也会发布一些理财计划，简单来说就是贷款平台作为借款人发布的 P2P 项目。

人人贷的 U 计划，是人人贷提供的本金自动循环出借及到期自动转让退出的理财工具。该计划所对应的借款均 100%适用于人人贷本金保障计划，安全性高。

表 11-3 列举了一份 U 计划的说明书。

表 11-3 U 计划主要因素

项目	产品因素
名称	U计划-A150925期
投标范围	机构担保标、实地认证标
收益处理方式及预期年化收益	1.收益再投资 6.17% 2.提取至账户 6.00%
锁定期	3个月
退出日期	2015年12月30日
加入条件	加入金额1 000元起，且为1 000元的整数倍递增
加入上限	5 000元
开始加入时间	2015年9月25日10:00
到期退出方式	系统将通过债权转让自动完成退出，所持债权出售完成的具体时间，视债权转让市场交易情况而定
提前退出方式	锁定期内支持提前退出

项目	产品因素
费用	加入费用：0.0% 退出费用：0.0% 提前退出费用：加入金额×2.0%

人人贷U计划是较为安全且科学的投资方式，投资者可适当参与。

4. 看懂U计划产品说明书

作为刚加入U计划的投资者，看懂上述的U计划说明书是非常重要的，表中每一项具体的解释如下。

- **本期开放额度**：本期计划可参加的总额度，一旦达到计划总额度，申请期提前结束。

- **每人额度上限**：每人加入U计划的金额上限。

- **加入条件**：加入计划的最低金额及条件限制。

- **申请期**：申请加入该计划的时间区间。

- **加入计划**：一旦加入计划，立即开始启动自动优先投标，系统自动帮助用户将加入计划的资金进行优先自动投标。

- **锁定期**：申请期结束后，U计划进入锁定期。锁定期内投标的本金回款会用于继续投标，利息收益可提取至主账户或用于再投资。

- **到期退出计划**：锁定期结束后，系统将为理财人自动退出计划，该计划内的债权将会自动进行债权转让。

5. 适合积累的P2P产品——人人贷薪计划

在各类P2P产品中，有一种和零存整取类似的投资方式，这就是人人贷的薪计划。

薪计划具体有如图 11-4 所示的特点。

1	投资金额可多可少，500~20 000 元，选择每月固定投资金额，每月固定日期进行加入。
2	系统自动撮合资金出借投标，资金高度利用，收益循环复投，预期年化收益率 9%以上。
3	资金分散投资于 100%适用本金保障计划的借款，1 亿元风险备用金全程为投资者护航。
4	投资期限较为明确，每月的 1~25 号为加入期，每日 10:30 准时正式开始。

图 11-4　薪计划的特点

下表 11-4 所示为薪计划的说明书。

表 11-4　薪计划主要因素

项目	产品因素
名称	薪计划（150925期）
投标范围	机构担保标、实地认证标
收益处理方式	收益再投资
预期年化收益	9%
月投资金额	月投资金额500元起，且以100元的整数倍递增，上限20 000元
每月投资日	每月25号
每月支付方式	用户充值至人人贷账户后，主动操作支付，系统在到期日自动划扣
锁定期	12个月
到期日	2016年9月25日
到期退出方式	系统将通过债权转让自动完成退出，所持债权出售完成的具体时间，视债权转让市场交易情况而定

续表

项目	产品因素
费用	加入费用：0.0% 退出费用：0.0%
提前退出方式	不支持

如果某投资者的月薪为 6 000 元，他想每月进行投资理财，但又觉得零存整取较为麻烦，且收益率不高，那他就可以选择人人贷的薪计划，在积累的同时获得高收益。

6. 将 P2P 转让给他人——人人贷债券转让

在投资了 P2P 产品之后，如果计划不允许中途退出，或是中途退出会有较大的成本，就可以使用债券转让。

债券转让是指用户在需要流动资金时，可以通过出售其名下拥有的符合相应条件的债权给其他投资人，从而完成债权转让，获得流动资金。另外，用户在购买转让债权的过程中，既可以全部购买，也可以部分购买，即购买一定份额的债权。

债券转让的基本资料，如表 11-5 所示。

表 11-5　债券转让项目

项目	数据	项目	数据
转让单价	36.88元/份	转让系数	100.0%
年利率	13.20%	待收本息	42.24 元/份
还款期限	36月	下一还款日	2015 年 10 月 15 日
保障方式	本金+利息	还款方式	等额本息

和散标一样，个人发布的 P2P 项目都需要考量个人信息与信用档案，在上面的转让项目中，有如图 11-5 所示的信息。

昵　称	SongJM... ♂	公司行业	零售/批发	收入范围	10000-20000元
年　龄	32	公司规模	10人以下	房　产	☑有 ☐无
学　历	本科	岗位职位	其他	房　贷	☑有 ☐无
学　校	--	工作城市	山东 烟台市	车　产	☐有 ☑无
婚　姻	已婚	工作时间	1年（含）以下	车　贷	☐有 ☑无

信用档案 Ⓐ

申请借款（笔）	1	信用额度（元）	77,800.00	逾期金额（元）	0.00
成功借款（笔）	1	借款总额（元）	77,800.00	逾期次数（次）	0
还清笔数（笔）	0	待还本息（元）	65,725.44	严重逾期（笔）	0

图 11-5　个人债券转让信息

7.　看懂 P2P 债券转让中的细节

债券转让因为多了一层转让，因此它不同于普通的 P2P 产品，下面列举了一些名词解释与细节。

- **转让中**：是指债权处于可被购买的状态。
- **转让完成**：是指债权转让交易完成。
- **转让撤销**：是指撤销未完成的债权转让操作，使债权不再处于转让中状态。
- **自动撤销**：是指债权转让过程中，遇到债权本身的状态变更，如从正常还款变为逾期还款状态，或借款人全部偿还剩余金额（已还清）时，系统将自动撤销该笔债权的转让操作。
- **债权价值（公允价值）**：是指根据系统指定的定价公式计算出的债权当前的公允价值。
- **转让系数**：是指债权转让时用户可自行选择的转让价格比例系数。
- **债权价格**：是指债权转让时的价格，基于系统计算的公允价值和转让系数得到，债权价格=债权未还本金×转让系数+应付或应收利息。

- **份数**：债权转让的最小单位，原始投资金额每 50 元为一份。

以上就是债券转让中的一些细节问题，另外在债券转让时，必须达到如下的条件才可以转让。

■ **普通投标获得的债权**

逾期债权不得转让。

债权持有天数超过×天后方可转让，（当前×=90）。

■ **通过债权购买获得的债权**

逾期债权不得转让。

购得债权距离债权形成日期超过×天即可转让，通常通过债权购买获得的债权均符合此要求。

■ **理财计划投标债权**

逾期债权不得转让。

无持有天数限制。

03
P2P 网贷获利攻略

P2P 的投资是通过互联网进行的，因此 P2P 平台上的操作是非常重要的，本章的最后我们来认识如何参与 P2P 的投资。此外，我们还需要认识一些不同类型的 P2P 平台与获利攻略。

1. 注册人人贷平台账户

在上一节中我们介绍的一些 P2P 产品，都是来自 P2P 人人贷平台，人人贷是一个非常好的 P2P 平台，其首页页面如图 11-6 所示。

图 11-6　人人贷首页

下面我们来看看如何注册人人贷账户。

Step01　进入人人贷网站首页（http://www.renrendai.com/），在右上方单击"快速注册"超链接。

Step02　在打开的页面中，输入昵称、手机号码、登录密码、验证码，选择"我要理财"或是"我要借款"选项，单击"注册领红包"按钮，在打开的页面中将手机收到的验证码输入验证码文本框中，单击"验证"按钮，即可成功注册人人贷账户。

和其他理财方式不同，人人贷在进行支付时是不能进行快捷支付的，需要将资金转入 P2P 账户，再从余额中进行支付。

2. 一次完整的 P2P 投资流程

要参与 P2P 项目的投资，无论哪一种项目，都需要有如图 11-7 所示的流程。

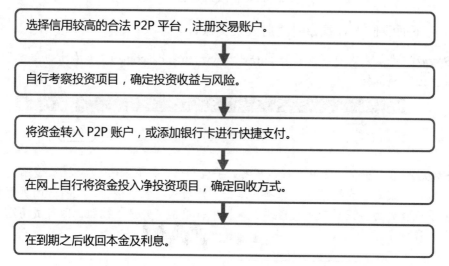

图 11-7　P2P 项目投资流程

3. 如何投资一次 P2P 散标

P2P 的散标是最常见的 P2P 产品，下面我们就来看看如何进行操作。

Step01 进入人人贷首页，在上方的"我要理财"下拉按钮下选择"散标投资"命令。

Step02 在打开的页面中即可看到不同的投资产品，选择自己感兴趣的产品，单击其后的"投标"按钮。

Step03 进入该产品的详细投资页面,查看具体的收益情况及项目发起人信息，输入投资金额，单击"投标"按钮。

Step04 在打开的对话框中确认投资信息，输入验证码，单击"确定"按钮完成P2P产品的投资。

4. 如何进行薪计划的投资

积累式的薪计划也深受投资者的欢迎，下面来看看具体的操作。

Step01 进入人人贷首页，在上方的"我要理财"下拉按钮下选择"薪计划"命令。

Step02 进入最新一期的薪计划投资页面，在右上角的投资栏中输入每期投资金额，单击"加入"按钮。

Step03 在打开的页面中，详细阅读投资信息与风险提示，勾选"我已阅读并同意签署"复选框，单击"确定"按钮即可成功进行支付，完成薪计划的投资。

5.　认清 P2P 网贷的风险

在 P2P 投资中，风险是比较大的，具体分为内部风险与外部风险，如图 11-8 所示。

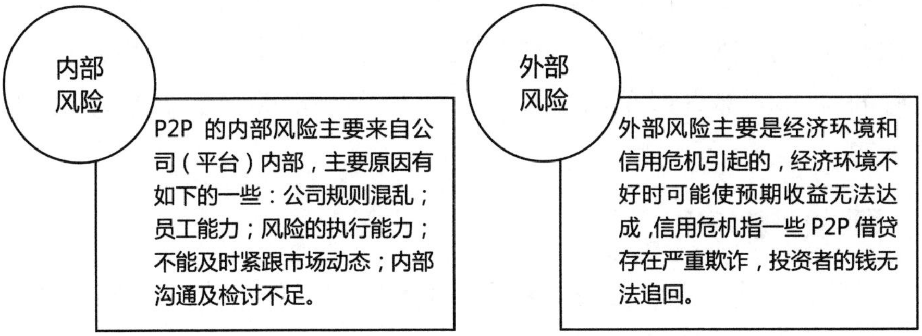

图 11-8　P2P 的风险

6.　P2P 投资快速获利攻略

为了规避上述的风险，科学有效地参与 P2P 的投资，我们需要从如下所示的几个方面参与 P2P 投资。

■　看平台

参与 P2P 的投资，首先要看所选择的 P2P 理财平台实力怎样、规模怎样，注册资金是多少，同时亦能衡量一个公司是否规范。

一般来说，P2P 平台的实力与规模越大，公司就会越规范。拥有一流的审核、风控团队和完善的风险管控体系，可以从制度、流程、系统等方面全面保护投资者的利益。

■　看抵押

发布 P2P 项目必须要有抵押物，这是规避风险的重要内容。一般我们需要看抵押物是什么，若是房产、汽车等固定资产，风险会稍微小点，因为万一出现风险，平台也会变卖房产等来减少投资者的损失。

此外，债务与抵押物价值的百分比抵押率主要是防止抵押物不足以抵偿债务。倘若不足，投资风险就会增大。

■ 看审核流程

P2P 平台会将借款人的每一次借款还款情况进行审核，这个信审流程是否严格，每一笔的债权是否透明，每个月是否均会在固定的时间给客户邮寄账单与债权列表等内容，都关系到 P2P 项目的风险大小。

■ 看借款用途

风险保障金，是当投资者对应的债权清单上的借款人逾期或坏账，用于偿还本息的准备金，保证金越多，风险就越低。

一般很多 P2P 平台都会承诺自己有风险保障金，或是最好选择风险保障金由第三方托管的平台。

■ 看借款用途

借款用途亦是资金的最终目的，也就是 P2P 项目的标的，如个人消费或经营等。一般来说，投资者要仔细留意债权人借款时在合同上写的借款用途及还款方式，经营类的 P2P 风险是较小的。

■ 看还款期

P2P 项目的还款期一般是越短越好，常见的 3 个月的借款项目，最适合抗风险低的投资者，我们可以举例如下。

A 项目的还款周期为 6 个月、年化收益率为 14.8%，而 B 项目的还款周期为 2 个月、年化收益率为 12.2%，那么对于一般投资者来说，最好是选择 B 项目进行投资。

■ 看收益率

P2P 项目的收益率并不是越高越好，如果一个 P2P 平台公布的年化收益超过 25%，就很可能会遭遇违约风险。

一个正规、可持续的平台，年化收益一般不会超过20%，大部分的项目在10%～18%，太高或者太低，都是不值得投资的。

7. 丰富的P2P平台

除了人人贷之外，互联网上还有很多丰富的P2P平台，本章的最后我们来简单认识一些。

■ 积木盒子

积木盒子是一个面向个人投资者的理财融资平台，不同的投资者都可以在上面发布与支持项目。

除此之外，积木盒子除了有个人的P2P项目之外，它还搭建了个人与企业之间的桥梁，使个人直接参与到公司的融资中，不仅收益较好，而且风险也比较小。积木盒子的主页面如图11-9所示。

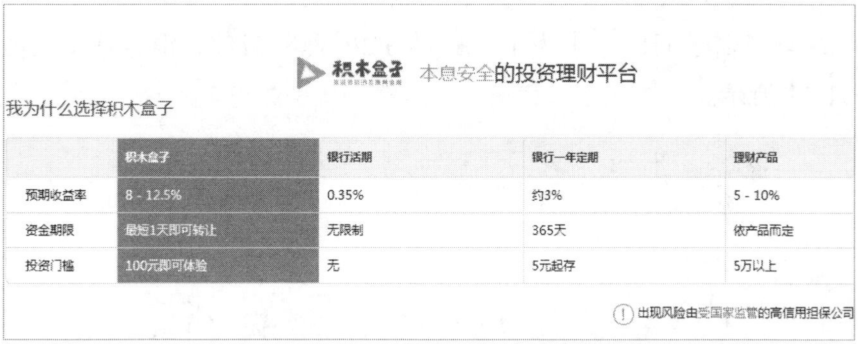

	积木盒子	银行活期	银行一年定期	理财产品
预期收益率	8 - 12.5%	0.35%	约3%	5 - 10%
资金期限	最短1天即可转让	无限制	365天	依产品而定
投资门槛	100元即可体验	无	5元起存	5万以上

图11-9　积木盒子的主页面

■ 宜信宜人贷

宜人贷是2012年由全球成交量最大的P2P公司宜信推出的个人对个人信用借款与理财咨询服务平台。

目前，宜人贷和人人贷一样，有着非常丰富的P2P产品，任何投资者都可以参与其中，宜人贷主页面如图11-10所示。

图 11-10　宜人贷的主页面

■ **银客网**

银客网是全国领先的互联网金融平台，为广大用户提供低风险、高收益、易理解、最透明、多样化的互联网理财服务，为中国中小微经济体解决融资需求问题，也为个人提供 P2P 理财服务。银客网主页面如图 11-11 所示。

图 11-11　银客网的主页面

Financing
—— 一看就懂的理财产品全攻略（图解版）——

第 12 章

网络理财，
足不出户简单快捷

除传统的理财方式之外，人们愿意追求一种更加简单的理财工具，网络理财就是一种操作更加简单、获利更加稳定、资金周转更快的产品，帮助人们足不出户完成投资理财，本章将介绍网络理财产品。

01
网络理财基础

网络理财并不是非常复杂的工具，它通过网络将人们的资金汇聚起来，用于投资某种金融工具，这也是网络理财的实质，本章的开始一起来认识网络理财基础。

1. 什么是网络理财增值产品

网络理财产品是最近两年才兴起的一种理财方式，人们直接就可以在互联网上进行理财产品的投资。网络理财产品之所以受到人们的欢迎，是因为它具有如图 12-1 所示的特点。

较高年化收益率	网络理财产品的收益率一般都比银行要高，但低于基金、债券等产品，平均年化收益率在 5% 以上，有时候可达 7%～8% 甚至更高。
强变现力、高流动性	大多互联网理财产品都具有 T+0 的变现能力，这也就意味着买入这些理财产品的资金能在需要的时候，实时转出。另外收益是每日可以看见的。
投资门槛较低	网络理财产品的一大特点就是投资门槛低，大多数产品的门槛大都在 1 元以下，甚至低于 1 分钱。这样的投资方式更吸引那些手中拥有小额闲置资金的人们。
可直接进行支付	投资金额往往是封闭的，但部分网络理财产品可以直接用产品中资金进行网络购物、转账、信用卡还款、水电煤费缴纳、宽带电视费缴纳、爱心捐赠、的士费支付等。
操作非常简单	网络理财产品的操作是非常简单的，投资者只需要将资金转入产品中，就可以不用再实时看盘了，想赎回时，可以轻松就将投资资金变现。

图 12-1　网络理财产品的特点

2. 不同类型的网络理财产品

如果给网络理财产品进行分类，主要是从其发布的渠道进行的，下面我们简单进行认识。

■ 支付+收益

代表产品：余额宝、苏宁零钱宝。

该类产品一般有如下的特点。

- 投资人可直接进行消费、支付和转出的实时操作，而且几乎没有任何手续费。

- 该类产品承诺 T+0 赎回，实时提现的优点直接满足投资人对产品流动性的需求。

- 本质是货币型基金产品，收益取决于货币市场间资金利率水平，随市场浮动，年化收益一般在 3%～4%之间。

■ 互联网公司产品

代表产品：微信理财通、百度理财计划

该类产品一般有以下的特点。

- 直接投资基金产品，收益率比普通产品要高。

- 如在百度理财计划中，有不同的参与方式，如定期类、活期类或是定投类，这是互联网公司的网络理财产品的特点之一。

■ 基金公司产品

代表产品：汇添富现金宝。

该类产品一般有如下的特点。

- 基金公司直接参与，理财产品在原始收益率上与货币基金并无差异，因此可以更加公平与开放。

- 货币基金虽也承诺 T+0 赎回，但必须等到当天收市清算后资金方能到账。而理财产品可以实时赎回。

■ **银行网络理财产品**

代表产品：平安银行（平安盈）、中国工商银行（现金宝）。

该类产品一般有以下特点。

- 银行信誉的保障是该类产品最大的优势，由于机构提供的强大信誉保证，因此投资者可以更加信服，收益率也更稳定

- 全面超越银行理财产品，更加灵活多样。

- 线上与线下两条渠道相同，满足不同人群的需求，让不懂网络的人也可以参与理财产品的购买。

02
不同的网络理财产品

网络理财产品多种多样，接下来我们以余额宝为主要介绍对象，来看看在投资网络理财产品时要注意哪些内容，同时再详细认识一些其他的网络理财产品。

1. 全民参与的网络理财产品——余额宝

互联网上如今最火爆的网络理财产品当属余额宝了，余额宝是阿里集团的支付宝打造的余额增值服务，投资者把钱转入余额宝即购买了由天弘基金提供的增利宝货币基金，从中可获得收益。

余额宝在 2013 年上市，经过两年时间的发展，2015 年 4 月的数据显示余额宝规模"全球第二"逆市增千亿元，余额宝也顺利晋升全球第二大货币基金产品。

图 12-2 列举了余额宝产品的投资首页。

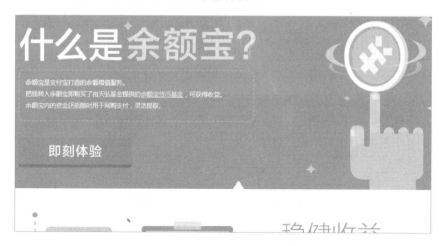

图 12-2　余额宝投资首页

我们进行余额宝的投资，一般有以下的特点与好处。

- 只要拥有支付宝账户，就可以投资余额宝。在入资时，只需将支付宝内的账户转入余额宝中即可，另外也可以使用银行卡快速付款投资余额宝。

- 余额宝投资的渠道是天弘基金增利宝货币基金，具有货币基金的稳定收益。从历史收益率来看，余额宝的收益率稳定在 4.0%～4.8% 之间。

- 余额宝内资金支取方便，没有一般基金的交易限制，同时可以将余额宝内的资金直接用于支付宝支付。

2.　余额宝的几个投资时间

在本书的第 4 章中我们介绍过，货币基金在投资之后是有一个份额确定过程的，余额宝投资货币基金，自然也有这个过程。

■　收益显示时间

一般来说，我们转入余额宝的资金会在第二个工作日由基金公司进行份额确认，一旦确认了基金份额就会开始计算收益了。余额宝的收益计入投资者的余额宝资金内，只有在份额确认后的第二日 15:00 以后，投资者才可查看自己的收入，具体如表 12-1 所示。

表 12-1　余额宝收益首次显示时间

转入资金时间	首次显示收益时间
周一 15:00 至周二 15:00	周四
周二 15:00 至周三 15:00	周五
周三 15:00 至周四 15:00	周六
周四 15:00 至周五 15:00	下周一
周五 15:00 至下周一 15:00	下周二

■ **赎回到账时间**

在我们将余额宝内的资金赎回之后，资金可能不会及时到账，这时存在如表 12-2 所示的赎回到账时间。

表 12-2　余额宝资金赎回到账时间

转出资金时间	到账时间
周一 15:00 前	周二24:00前
周一 15:00 至周二 15:00	周三24:00前
周二 15:00 至周三 15:00	周四24:00前
周三 15:00 至周四 15:00	周五24:00前
周四 15:00 至周五 15:00	下周一24:00前
周五 15:00 后，周六、周日	下周二24:00前

3.　余额宝的收益分析

我们投资余额宝，是为了获得收益，在这个过程中，对其收益进行简单的分析是必不可少的。

余额宝投资的是天弘基金的增利宝货币基金产品，我们进行余额宝收益分析，就是分析这款货币基金。

增利宝货币基金的概况，具体如表 12-3 所示。

表 12-3　增利宝货币基金概况

项目	内容	项目	内容
基金全称	天弘增利宝货币市场基金	基金代码	000198
基金类型	货币型	注册登记人	天弘基金管理有限公司
合同生效日期	2013 年 5 月 29 日	管理人	天弘基金管理有限公司
基金托管人	中信银行股份有限公司	基金经理	王登峰
管理费	年费率 0.30%	托管费	年费率0.08%
销售服务费	年费率 0.25%		

下面我们简单来分析余额宝货币基金的价格走势。

从余额宝货币基金 2015 年 6 月～9 月的 7 日年化收益图来看，该产品每 7 日的表现虽然是不同的，但基本徘徊在 3.2%～4%之间。虽然较之前 4.7%左右的收益率有所下跌，但和银行存款相比，收益也是有一定优势的。余额宝的这种收益特点，让其可以更好地成为长期投资产品，具体如图 12-3 所示。

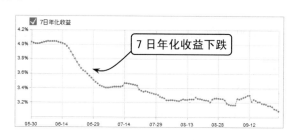

图 12-3　余额宝货币基金 7 日年化收益图

从每万元收益走势图来看，在 2015 年 6～9 月中，整体表现呈下降趋势，并且已经跌破 1 元的标准线。另外，余额宝货币基金的收益一般在一定的时间内会保持一定的水平运行，较难出现急涨急跌的情况，具体如图 12-4 所示。

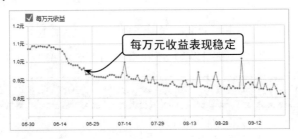

图 12-4　余额宝货币基金每万元收益

如果我们将余额宝货币基金的累积收益率与股市相比，就会发现在近几个月内，股市表现非常不稳定，而余额宝却持续了稳定的特点，在 9 月下旬略高于股市，如图 12-5 所示。

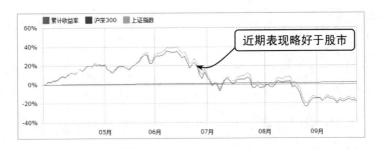

图 12-5　余额宝货币基金收益与股市

4.　将资金转入余额宝内

在完成了一系列的分析之后，我们就可以开始投资余额宝，投资的操作非常简单。

首先我们需要注册支付宝账户，注册之后在支付宝页面进行实名认证开通余额宝业务，就可以进行如下的操作。

Step01　进入支付宝首页，在"余额宝"栏中可查看最新的余额宝收益情况，单击"转入"超链接。

Step02 在打开的页面中选择"单次转入"选项，输入转入金额，选择"电脑转入"选项，单击"下一步"按钮。

Step03 在打开的页面中选择支付方式，如选中"中国工商银行"单选按钮，单击"下一步"按钮，通过支付宝完成相关的支付即可成功投资余额宝。

5. 余额宝丰富的投资方式

除了简单投资之外，余额宝经过了两年多的发展，如今已经形成了许多不同的投资方式，满足不同人群的需要，具体如下。

- **普通投资**：普通转入是余额宝最基本的转入方式，投资者可通过支付宝余额或银行卡快捷支付，将资金转入余额宝中。

- **实时转入**：实时转入是一项快捷投资余额宝的业务，转账至余额宝中的资金，会立即自动转入余额宝中。

- **自动转入**：自动转入是余额宝的一项长期增值业务，在设定保留金额后，支付宝账户余额超出保留金额部分将转入余额宝。

- **定期转入**：定期转入类似于零存整取，是每月定期将工资等银行卡资金转入余额宝，并可自行设置转入的金额与次数。

以上的这些不同的投资方式，是需要开通之后才可以使用的，下面来看看具体的操作。

Step01 进入支付宝首页，在页面上方单击"账户资产"超链接。

Step02 在打开的页面左侧单击"余额宝"选项卡，在右侧的"功能设置"栏中选择要开通的投资方式，单击右侧的"开通"超链接。

Step03 在打开的页面输入支付宝支付密码，单击"确认开通"按钮即可。

6. 门户网站理财——百度理财计划

互联网理财中有一种比较有代表性的产品——百度理财计划，百度理财计划不局限于一种产品，而是提供全方位的资产管理方案，例如百赚、百赚 365 天、百发等丰富的产品。

■ 百发

百度理财计划中的百发产品，是投资债券的一款理财产品，通过汇聚众人的力量进行理财，具体要点如下。

● **产品类型**：嘉实 1 个月理财债券 E。

● **起购金额**：1 元。

● **预期收益率**：8%。

● **安全管理**：中国银行协议存款，零风险。

■ 百赚

百赚是百度理财计划中最早也是最重要的产品之一，它和余额宝一样是投资货币基金的产品，具有收益稳定、灵活操作的特点，非常适合新手投资者。

从收益的情况来看，百赚在长期性上表现较好，有时候能达到 6% 以上的高收益，投资者可抓住这些投资机会。

另外，百赚投资的是嘉实的一只货币基金，投资者可对该基金进行价格走势的分析。

■ **百赚 365 天**

百度理财的特点就是多样性，除了基金与债券之外，也和保险产品进行合作。百赚 365 天，是百度金融联合生命人寿保险推出的定期保险理财产品，具体有如下的一些投资要点。

- **产品类型**：投资连结保险。

- **投资时间**：365 天（不同的日期有不同的产品）。

- **起购金额**：1 000 元。

- **风险程度**：中低风险。

- **赎回到账时间**：申请退保后 4 ~ 5 个工作日。

- **提前赎回**：满 10 天后可提前赎回，需缴纳 5%的手续费。

7. 如何投资百度理财的百赚利滚利

接下来以百度理财百赚利滚利的投资为例，来看看百度理财计划的具体投资操作。

Step01 进入百度理财首页（http://8.baidu.com/），选择百度利滚利产品，单击其图片超链接。

Step02 在打开的页面中详细查看百赚利滚利的投资要点与收益情况，在上方单击"立即投钱"按钮。

Step03 进入投资页面，在该页面中输入购买金额，选择付款银行卡，输入百度钱包支付密码，单击"下一步"按钮进行支付即可。

8. 电商综合理财——苏宁金融理财

电商企业加入互联网金融行业，为网络理财注入了新鲜的血液，苏宁金融理财就是很好的一种。

苏宁理财和百度理财计划一样，有丰富的产品选择，下面进行简单介绍。

■ 零钱宝

苏宁零钱宝是由广发基金和汇添富基金共同提供的基金理财增值服务，购买零钱宝相当于购买了一只货币基金，能得到低风险且稳定可观的投资收益。具体有以下特点。

- 收益率在市场表现较好，最近 7 日的收益率为 3.1460%。

- 产品由保险公司承保，不用担心网络风险的出现。

- 支持定期和自动转入，资金管理非常简单。

- 投资的资金可直接在苏宁易购等商场进行消费。

■ 票据理财

苏宁理财的票据理财是一种较好的投资产品，简单来说，票据理财产品就是融资企业以其持有的银行承兑汇票作为质押担保，通过互联网平台发布产品，向个人投资者融资。而银行承兑汇票，是银行开具的到期兑付凭证。

票据理财的具体产品非常多，承兑的银行也不同，图 12-6 简单列举了两款。

图 12-6　苏宁票据理财

■ 定期理财

苏宁理财有一种和定期存款一样，将投资资金进行封闭的产品，这就是定期理财。

苏宁定期理财的种类很多，除票据产品外的定期产品都会在定期理财中展示，包括"富盈人生养老保障管理产品"、"云商稳盈应收账款转让产品"等。图 12-7 简单列举了两款产品。

图 12-7　苏宁定期理财

9.　综合理财网站——有利网

除了以上的渠道之外，还有许多综合的理财网站，有利网是我们在网上进行投资理财的一个非常好的渠道，它提供安全、便捷、正规的投资渠道，帮助不同的投资者完成投资。

■ 定存宝

定存宝是根据真实存在的投资项目制定的智能理财工具，具体的投资要点如下。

- 投资门槛：1 000 元起，1 000 元的整数倍递增；单笔投资上限 10 万元，当日笔数无限制。

- 期限：定存宝 A（3 个月）；定存宝 B（6 个月）；定存宝 C（12 个月）；定存宝 V（1～12 个月）。

- 预期收益率：定存宝 A（8%）；定存宝 B（9%）；定存宝 C（10%）；定存宝 V（7.6%～9.8%）。

- 计息：最晚两个工作日内开始计息。

■ 月息通

有利网的月息通理财产品，是由投资者自行选择产品的理财工具，这和 P2P 理财类似。一般来说，只需要 50 元即可参与其中。

月息通支持实时赎回，收益率可能达到 10% 左右。下面我们来看看如何投资一款月息通产品。

Step01 进入有利网首页（http://www.yooli.com），登录账户之后单击右上方的"我要投资"按钮。

Step02 在打开的页面中可看到定存宝与月息通两种产品，选择月息通选项，单击下方的"查看更多"按钮。

Step03 在打开的页面中即可看到丰富的月息通的产品，选择一款可以购买的产品，单击右侧的"购买"按钮。

Step04 进入该产品详细投资页面，查看最新的收益情况，在右侧输入投资金额和验证码，单击"我要投资"按钮，完成相关的支付操作即可成功投资。

03
网络理财获利攻略

在网上理财，它不是和对方机构进行面对面的交易，因此可能会发生许多投资风险，本章的最后一部分，从风险出发，看看有哪些攻略可以帮助我们获利。

1. 网络理财的风险

尽管网络理财产品具有高收益、低风险、低门槛等特点，但由于监管空间的缺乏，网络投资资金骗局、平台倒闭及网络欺诈等事件频繁发生，也凸显了网络理财风险无处不在的现实。

网络理财具体的风险如下。

- 风险一：现在大多数网络理财机构在宣传产品时，都宣称自己的理财产品收益率高，但对存在的价格风险闭口不谈，从而造成了投资者认为网络理财无风险的误区。

- 风险二：一些网络平台为了吸引更多的投资者，大肆宣传优惠活动，比如注册送红包活动等，但是当我们注册完准备投资时，会发现这些活动是没有实际作用的。

- 风险三：网络投资平台透明度不够，当投资人把钱投资出去了，是没有任何书面凭证的，一旦出现纠纷，维权非常困难。

- 风险四：网络投资通过互联网，因此会发生因账户丢失导致资金损失的情况出现，对大额资金的投入仍需谨慎。

2. 如何更好地参与网络理财

为了规避上面的风险，我们在参与网络理财产品的投资时，可注意如图 12-8 所示的内容。

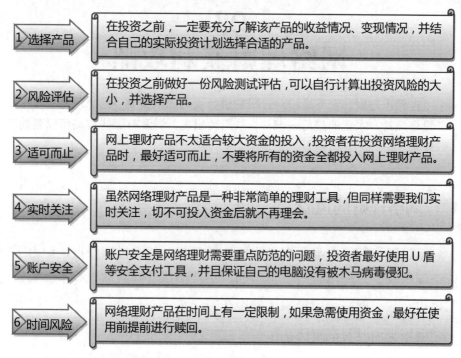

图 12-8　网络理财的风险防范

3.　在百度财富搜索网络理财产品

在上一节中我们介绍了一些网络理财产品，然而网上理财的产品更新换代很快，我们可以通过百度财富来搜索一款好的产品。

Step01 进入百度搜索首页（https://www.baidu.com/），在搜索栏中输入"理财产品"关键字，在下方的搜索列表中单击"百度财富"超链接。

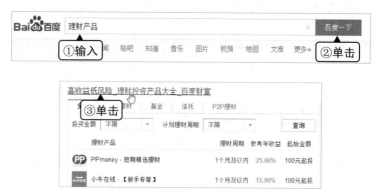

Step02 进入百度财富首页，在上方的筛选栏中选中自己要搜索的理财产品类型进行筛选。

Step03 在下方的页面中就会自动显示该筛选条件下的产品，单击其中适合自己的产品名称超链接。

Step04 在打开的页面中就会显示该类产品的详细情况与投资分析。

北京银行——心喜系列2015年第38期GRB1509114号人民币国庆专属银行			
产品概况			
发行银行	北京银行	理财币种	人民币
预期年化收益率(%)	3.9	收益起计日	2015-10-10
收益类型	保证收益型	到期日	2016-01-10
理财期限	92天	产品类型	非结构性产品
投资品种	债券,货币市场,其他	挂钩标的	

4. 网上理财两大攻略

在网上进行理财，有两大重要的攻略，帮助投资者获利。

■ 选优质网站

我国的互联网市场，有许多提供直接投资理财或是资产规划的网站，面对种类繁多的选择，投资者要学会去劣存优，合理运用。

如果有稳定、灵活的理财需求，可以关注如余额宝之类的投资工具，如果是对某种渠道感兴趣，可以深入了解一些专业的理财网站，如"理财中国"、"才智网"等，这些网站会为我们提供优质的投资渠道与合理的理财计划，有的还会提供承保业务，让我们的投资更具保障。

网上投资，切记不可盲目地选择网站，一般的骗局网站所提供的理财产品会用诱人地高收益骗取关注，同时承诺保本保息。

同时，骗局网站页面复杂，充斥插件与小广告，在面对这些网站时，投资者最好慎重考虑。

■ 用好理财工具

理财网站会为我们提供许多理财工具，用好这些工具，可以帮助我们更好地进行网上投资。

- **风险评估**：一般会用于各类银行类的金融投资，许多投资机构要求投资者必须进行风险评估，而网上投资一般没有此要求，不过投资网站会提供风险评估服务，供投资者参考使用，我们可以利用这个工具选择适合的产品。

- **利息计算器**：这是一种如同计算器般的计算工具，可以帮助我们计算各类理财收益，本书下一章将做详细介绍。

- **投资计划数据分析**：现在有一些网站，推出了一种投资计划分析软件，将我们的总资产、收入情况、各类投资输入该软件，它会从数据的角度帮我们分析投资的合理性，可以作为我们制订投资计划的参考。

Financing

—— 一看就懂的理财产品全攻略（图解版） ——

第 13 章

手机理财，
随时随地轻松掌控

如今，智能手机或是平板电脑已经普及，使用手机进行投资理财，有着比传统理财方式或电脑客户端更加便捷的优势，下面我们就来认识如何使用手机理财及购买手机专属理财产品。

01
手机理财基础

要使用手机理财，需要的准备工作比较多，如下载理财软件、进行安全的交易支付、保证账户安全等。下面我们通过详细的操作来学习这些手机理财的准备工作。

1. 手机理财有哪些方式

我们进行手机理财，最主要的有两种方式，一是通过网页浏览了解理财信息；二是下载理财软件。

第一种方法中，我们只需在手机浏览器上输入要了解的关键字，就可以和电脑浏览器一样阅读理财内容，如图 13-1 所示。

图 13-1　浏览理财网页信息

另一种方法是下载软件，本章介绍的产品都是通过理财软件进行。我们可以在以下的地方下载安装手机理财软件。

- 电脑下载：用户在使用电脑浏览网页时，如果发现了比较好的手机软件，可以将安装文件下载到电脑中，再通过数据线将该安装文件复制到手机中，手机就会自动安装该软件，安装的方法和上述的方法相同。

- 应用商店下载：在应用商店下载手机软件是许多用户常常使用的，常用的应用软件包括安装市场、360 手机助手、itunes 等，用户只需进入应用商店找到相关软件，直接点击下载即可，一般会自动进行安装。

- 百度下载：百度应用市场实际上也属于应用商店的一种，不过它可以直接在百度网站首页进行下载。用户进入百度搜索首页，搜索软件名称，就会直接出现"立即下载"按钮，用户点击下载即可。

2. 手机理财安全支付工具

使用手机理财工具进行理财，保证账户安全是必备的，在使用银行账户进行支付时，我们需要使用安全支付工具。

■ U 盾

U 盾是一种目前使用人数最多的安全支付工具，它能够充分保证我们的账户及交易的安全，常见的 U 盾形态如图 13-2 所示。

图 13-2　U 盾的形态

U 盾在使用前，需下载安全支付证书，设置 U 盾的支付密码。在使用过程中，将 U 盾通过 USB 端口连接到电脑，在安全支付时，输入支付密码，再点击 U 盾上的"OK"键就可以完成支付。

一般的手机并没有 USB 插口，所以使用 U 盾的频率是比较小的。

■ 动态口令卡

在众多安全支付工具中，还有一种比较传统的工具，它外形类似于银行卡，卡面上印有若干字符串，每个字符串对应一个唯一的坐标，这样便可以进行安全支付。具体的外形如图 13-3 所示。

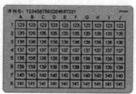

图 13-3　动态口令卡

使用动态口令卡，不需要与手机进行物理连接，就能确保支付的安全。动态口令卡使用的方法也很简单，在支付时，支付页面会提示输入对应坐标轴的字符，我们只需刮开覆盖在动态口令卡上的覆盖膜，输入相应的字符即可。在使用动态口令卡时，要注意如下的限制：

以工商银行为例，对于未开通短信认证的动态口令卡，规定每日单笔交易上限为 500 元，单日最高交易上限为 100 元；对于开通了短信认证的动态口令卡，单笔上限为 2 000 元，单日最高为 5 000 元。

■ 电子密码器

电子密码器是由中国工商银行面向电子银行客户推出的新一代安全认证工具，它方便携带，支持金额较高，受到人们的喜爱。

和其他两种安全支付工具相比，电子密码器最关键的是可以为手机客户端提供安全支付功能，下面我们详细来认识它。

电子密码器的外形类似一个小键盘，我们在使用时，需要输入验证密码，才可以进行支付。工商银行电子密码器外形如图 13-4 所示。

图 13-4　电子密码器

电子密码器的使用是非常简单的，在使用之前，我们需要先进行激活，激活之后，支付就有如下的操作（以转账汇款为例）。

● 选择"个人网银—转账汇款—跨行汇款"，填写相应汇款信息。

● 打开电子密码器—输入密码器开机密码—在密码器中输入页面提示的数字—按确认键。

● 将密码器上显示的密码输入相应的输入框—按要求填写信息—点击"下一步"按钮—交易成功。

02
不同的手机理财工具

在简单认识了手机理财的基础知识之后，接下来我们就可以从不同的产品出发，来认识一些专属于手机理财的工具或软件，让投资者轻松掌握手机理财的方式。

1.　手机上的银行——中国工商银行手机银行

中国工商银行手机银行是一款非常实用的手机银行，在上面我们可以完成几乎和网上银行相同的金融业务。在中国工商银行官方网站及各大应用商店，我们都可以下载中国工商银行手机软件。

在使用手机银行之前，我们要注册手机银行账户，需要注意的是，手机银行账户和网上银行账户是不同的。下面，我们以购买银行理财产品来看看手机银行的基础使用。

Step01 进入中国工商银行手机银行，点击"登录到手机银行"按钮，在打开的页面中输入账户及手机银行密码，点击"登录"按钮，进入登录后的页面，可看到丰富的银行业务。

Step02 切换到"投资理财"页面，点击"工行理财"按钮，在打开的页面中点击"理财产品"超链接，在理财产品页面点击"购买理财产品"超链接。

Step03 进入产品列表页面，选择一款产品选项，在了解了基本的投资信息后，

点击"购买"按钮，在打开的页面下方点击"购买"按钮即可开始购买该产品。

2. 手机银行贵金属业务——查看黄金价格

在手机银行上有非常丰富的投资理财业务帮助我们进行理财，下面我们以查看账户黄金价格为例看看如何看行情。

Step01 进入中国工商银行手机银行贵金属业务页面，点击"账户贵金属"超链接，在打开的页面选择"行情与交易"选项，点击"人民币账户黄金"超链接。

Step02 在打开的页面中，即可查看到账户黄金最近的价格与走势图，点击下方的交易超链接，点击"下一步"按钮即可开始进行账户贵金属的买卖。

3. 利用手机投资外汇——手机易汇通

在手机上也可以进行外汇的投资，手机版的易汇通行情软件名为汇通财经，是一款非常实用的手机客户端行情软件。下面，我们通过实际的操作来看看手机版易汇通的具体使用。

Step01 进入手机版易汇通软件，会看到如下图所示的页面，如果要查询外汇行情，则点击下方的"行情中心"按钮，再点击上方的"外汇"选项，即可看到丰富的外汇产品及其交易数据。在下图中点击任何一种外汇名称超链接，即可进入分时图查看。如果要查看K线图，则点击下方的"K线"按钮。

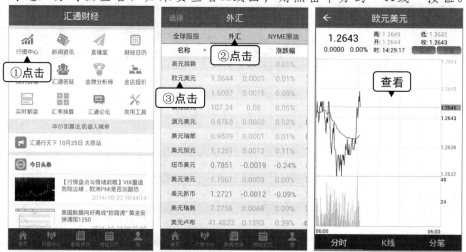

Step02 在手机屏幕上左右滑动，可显示不同日期的K线图，如果要显示某一位置的精确数据，则点击█按钮，然后点击K线图即可。

Step03 如果查看不同的技术指标，则点击█按钮，在打开的页面中点击一种要查看的技术指标。

Step04 返回K线页面就可以看到新的技术指标。如要查看不同统计周期的K线，则点击█按钮，则看到不同统计周期的K线，如点击"5分（M5）"超链接。

4. 通信软件理财——微信理财通

如今，微信是人们必不可少的通信软件，在其上进行理财是非常方便的，微信理财通是腾讯财付通与多家金融机构合作，为用户提供多样化理财服务的平台。

要使用微信理财通，首先需要将银行卡添加到微信中。

Step01 进入微信个人设置页面，点击"钱包"超链接，在打开的页面中点击"银行卡"按钮，在打开的页面中点击"添加银行卡"超链接。

Step02 进入添加银行卡页面，输入持卡人姓名与卡号，点击"下一步"按钮，在打开的页面输入手机号码，点击"下一步"按钮。将手机收到的短信验证码输入打开页面的文本框内，点击"下一步"按钮即可成功绑定银行卡。

5.　将资金转入微信理财通

绑定银行卡之后，我们就可以将资金轻松地转入理财通，随时随地实现获利，具体操作如下。

Step01 在"我的钱包"页面中点击"理财通"按钮，在打开的页面中点击"查看更多理财产品"超链接，在打开的页面中选择不同的理财方式，如点击"货币基金"超链接。

Step02 选择一款货币基金产品，如点击"汇添富基金全额宝"超链接，在打开的页面下方阅读投资信息，点击下方的"我知道了"按钮，在打开的页面查看收益走势图，点击"买入"按钮。

Step03 进入购买页面，在买入金额文本框中输入买入的金额，点击"立即买入"按钮，在打开的支付页面中输入微信设置的支付密码，即可成功投资微信理财通中的货币基金产品。

6.　时时刻刻进行综合理财——融360

如今的理财产品众多，智能手机的操作也是比较烦琐的，有没有一款软件可以将所有的产品融合在一起呢？这就是融360手机理财软件。

下面，我们以在融360软件上进行人人贷的P2P理财为例，来看看如何在上面找到适合自己的投资方式。

Step01 进入融360软件首页，在上方点击"理财"按钮，在打开的页面点击"人人贷"选项。

Step02 进入人人贷平台介绍页面，点击下方的"去平台"按钮，即可进入人人贷平台，登录后可完成各项P2P投资操作。

　　在融360软件上，除了几种网络理财工具之外，还将银行理财、债券、基金、保险等产品进行了收集，投资者可以快速进行浏览。

7.　丰富的手机理财软件

　　除了上面介绍的微信理财通、融360等软件外，可以在手机上理财的软件有很多，下面我们简单来认识几款。

■　盈盈理财

　　盈盈理财是国内资深从事互联网技术的金融信息撮合交易服务的平台，针对中小企业融资现状推出的P2B和P2P投融资服务模式，为大众投资者和急需资金的中小企业及个人，提供一个安全、稳定、高流动性的网络投融资平台，同时对个人投资者来说是非常好的投资理财平台。

■　活期宝

　　购买活期宝也表示购买其货币基金，收益较高，并可享受 24 小时快速取现、实时到账的服务。

活期宝并不单单是一种投资产品，它更可以为我们提供丰富的理财服务，具体如下。

- **活期宝**：投资货币基金的增值产品，收益最高时可达活期存款的 11 倍，7×24 小时随时取现，实时到账。

- **定期宝**：短期理财工具利器，收益超 1 年定期存款利率。

- **基金交易**：基金品种业内最全，一站式基金理财。

- **自选基金**：登录天天基金网通行证，随时随地浏览自选基金

- **基金数据**：基金净值、估值、排名、评级 24 小时不间断更新。

- **基金资讯**：随时随地获得最新业内动态和理财资讯。

■ 汇添富现金宝

汇添富基金管理股份有限公司是一家高起点、国际化、充满活力的基金公司，其推出的现金宝产品是一款非常有优势的增值产品。现金宝具有如下的产品特点。

- **快速投资**：现金宝产品是网络用户专享，仅面向个人客户，收益较高，平均七日年化收益率 5.837%。

- **资金使用灵活**：现金宝为日复利，收益每日自动结转，天天复利。同时变现容易，一分钱也能快速取现。

- **资金利用**：可直接使用现金宝资金为信用卡还款、手机充值等，

- **资金安全**：现金宝实行资金闭环操作，不用担心资金安全。

03
手机理财获利技巧

在手机上进行投资理财，和传统的理财方式自然有所不同，我们需要从产品选择与风险上来把握投资技巧，本章的最后一部分，我们简单来看看在手机上理财的技巧。

1.　新政策下如何使用手机支付

我们知道，在手机银行与手机支付软件发达的今天，我们可以轻轻松松地利用手机进行理财支付与买卖交易。

虽然许多人已经习惯使用手机支付，但在进行投资理财时，需要注意在新政策下有以下 3 点内容。

- 在没有银行验证的情况下，第三方支付快捷支付的限额将只有 200 元，这让很多网上购物只能通过网上银行支付的方式实现。

- 持卡人只能把自己的钱转账给自己的账户，不能转账给其他人，这一问题可以用手机银行弥补，各银行都在推广自己的手机银行，而且手机银行转账汇款还有很大的优惠。

- 全年累计 20 万元的第三方网上支付限额。对于购买理财产品的投资者来说，20 万元的限额还比较少。

2.　善于抓住专属于手机的理财产品

各类理财产品都有自己的销售渠道，面对如今庞大的智能手机用户，金融机构都纷纷推出了专属于手机的理财产品。善于利用手机进行理财，就要抓住如下的两点。

■　交易手续费更低

各家银行都开通了手机银行业务，但在使用手机进行支付时，目前主要有以下 3 种收费途径：费用从手机话费中扣除；费用从用户开通的电话银行账户或银行卡账户中扣除；银联快捷支付。

目前很多银行都有免费开户、免年费等优惠措施，手续费上也有不同程度的优惠，各大银行的手机支付等手续费是柜面收费标准的 1 折～5 折，甚至注册手机银行就有赠品。也就是说，利用手机银行进行理财，就可以节省投资成本。

■ **专属产品收益率高**

手机银行专属理财产品的优势在于预期年化收益率更高，一般投资者只要在手机上购买，就可以抢购到这些产品，同时这些产品在其他渠道是无法购买的。

例如，中国工商银行推出的一款名为"2015 年第一期金融@家"的手机银行专属理财产品，只针对该行手机银行客户发售。该款产品只有40 天的投资期限，预期年化收益率为 5.4%～5.6%，跟同期的其他理财产品相比，收益率平均要高出 0.8%左右。

3. 慎重把握手机账户安全

虽然目前使用手机参与金融活动已经非常普遍，但就投资理财而言，手机上账户的安全却是一大威胁。图 13-5 总结了一些手机保护账户安全的办法。

密码安全	在手机上理财，设置的各类密码不要过于简单，也不要设置个人生日或姓名拼音缩写等规律字符。一般来说，在手机上输入密码有专属的键盘。
软件下载	前面我们介绍过手机理财软件的下载，投资者不要在一些非法的应用商店或网站下载软件，也不要轻易相信非官方发送的手机客户端升级链接。
保存密码	无论任何软件，不要在登录页面设置"记住密码"服务，当我们的手机丢失或被他人使用时，很可能造成资金的损失。使用手机登录理财软件时，最好每次登录时输入密码。
网络延时	手机的信号有强有弱，因此很可能出现因为网络原因而造成数据延迟、交易失败的现象，因此在使用前一定要确保手机信号及网络的通畅。
手机丢失	如果我们手机中有相关理财软件并正在进行理财，当我们的手机丢失之后，要立刻通知相关账户的管理方，如打电话到银行冻结银行账户。

图 13-5 手机理财如何保证账户安全

公共 WI-FI	有一些不法分子利用 WI-FI 网络漏洞，可以通过 WI-FI 侵入我们的手机，盗取密码。所以，在连接公共 WI-FI 时，尽量不要进行相关支付交易。
手机流量	投资理财会涉及看盘或下单，因此使用时一定要注意手机上网流量的问题，直接使用流量会花费较多的话费，最好是到运营商办理流量套餐。

图 13-5　手机理财如何保证账户安全（续）

4.　用手机改变传统消费观念

消费也是个人金融的组成部分，好的消费习惯有助于我们进行个人财务管理，不仅能省时、省力、省钱，更能帮助我们进行投资理财。本章的最后，简单来认识几款帮助我们进行投资理财的生活软件。

■　信用卡管理软件——卡牛

卡牛是一款信用卡管理软件，在卡牛软件上，可以办到以下的事。

● 账单自动入账，大额消费及时记录，让信用卡账单了如指掌。

● 实景卡片管理，每张卡片对应一张信用卡，不会搞混淆。

● 及时还款提醒，监控信用卡还款日到期与否，防止逾期与不良记录。

● 支持支付宝还款，提供账单管理至还款管理一条龙服务。

● 在线信用卡申请，快速便捷。

● 支持双币卡的信用卡管理。

■　记账软件——随手记

记账是我们管理个人财富的第一步，一个人进行投资理财，如果对个人收入和支出一头雾水，那么即使投资产品获利，也会显得毫无意义。

随手记手机软件，不仅可以科学地记录每一笔收入与支出，还能辅助设置预算，控制乱消费，在冲动购物时能够控制住自己的消费，从而达到不乱花钱的目的。随手记具体可以完成的功能如下。

- 设置预算管理，消费时时刻提醒自己理智消费。

- 记录每一笔流水账单，日常开支一看便知。同时采用模板记账更快捷，账单分类、账户可自定义。

- 账户管理得清清楚楚，资产与负债井井有条。

- 账单拍照，随时记录账单，即使腾不出手记账，拍下来回家再整理。

- 账单分析功能，帮助使用者制订生活计划与投资计划。

■ 丰富的团购软件

团购就是团体购物，指将认识或不认识的消费者联合起来，加大与商家的谈判能力，以求得最优价格的一种购物方式。

如今团购已经成为一种非常普遍也非常方便的电子商务形式，团购网站提供有吸引力的商品或服务，一般有非常大的折扣。而作为个人用户，不需要再四处寻找团购者，一个人也可以团购。

用于团购的手机软件有很多，美团网是一家较出名的团购软件，提供美食、娱乐、旅游、购物等生活消费的团购服务。

百度团购是国内最大的团购聚合平台，不仅拥有丰富的团购商品，在上面更可以搜索各类团购平台的团购商品。

大众点评不仅是一个团购平台，更是一个生活服务软件。用户团购了一个商品之后，可以通过点评的方式来进行评价，这也是团购商品的重要依据。

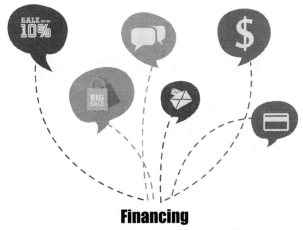

Financing
—— 一看就懂的理财产品全攻略（图解版）——

第 14 章

价格分析，
投资理财的关键

在投资理财中，大多数的产品都是通过价格的变化来获得投资价值的，对价格走势的分析非常重要。在本章中，我们简单来认识一些价格分析基本面与技术面的基础攻略。

01
价格的基本面分析

基本面是指对宏观经济、行业和公司基本情况的分析，同时还包括对国家经济数据、经济政策、其他市场、客观条件等多方面来分析，从中找出价格会出现的变化，帮助我们更好地进行投资理财。

1. 基本面分析可以为我们带来什么

为什么投资理财必须要使用基本面呢？这是因为它可以为我们带来如图 14-1 所示的好处。

帮助预测行情	通过对基本面的分析，可以预判未来经济环境的走势，从固定的价格关系或是供求关系中，找到理财产品价格的走势，从而确定未来的涨跌。
抓住时机投资	通过对宏观经济政策、市场供求因素、行业龙头分析、经济周期理论的研究，可以有效地掌握投资进场、出场的时机，准确实现盈利。
选择适合的产品	市场环境在不断变化，投资者很难把握，同时理财市场的产品有很多，分析基本面，可以帮助投资者在众多的产品中找到一份未来行情较好的产品进行投资。
稳定投资心理	对基本面的分析，可以让投资者更加稳定投资心理，从宏观的角度面对投资中的价格涨跌，并且在应对各类消息时避免出现投资慌乱。
反向作用价格	在基本面中心理因素会反向作用于理财产品的价格，大大提升了基本面内容对价格走势的影响，使得产品价格偏离了实际的价格。
制订全方位投资计划	在投资交易中，可以通过价格波动来获利，来制订理财计划，帮助投资者确定当前适合选择哪种策略。同时确定风险偏好类型，更好地进行参与。

图 14-1　基本面分析的好处

2. 基本面分析的内容与流程

要完成一次基本面的分析，有如图 14-2 所示的操作步骤。

从各方收集基本面信息，擅于把握各类基本面获取渠道，并归纳整理。

对于得到的基本面信息，要及时分析数据，整理出未来可能发生的趋势。

将得出的趋势应用到实际投资中，利用基本面与价格的关系找到价格的趋势。

将基本面结合价格 K 线图，找到未来的持续趋势或转折点，判断买卖时机。

制定出最佳的交易策略，使得该策略符合未来基本面的情况。

在投资过程中，遇到任何基本面情况变化，都要从全局统筹是否需要改变策略。

图 14-2 基本面分析的流程

一般需要对以下内容或是其中几项内容进行分析，才能准确预判价格。

■ 国内生产总值

国内生产总值（GDP）。一般来说，GDP 增加，说明国内经济良好，各项投资产品价格也可能出现上涨。

■ 通货膨胀

通货膨胀一般用 CPI 来表示，具体含义是货币贬值，物价上涨，在这样的情况下，人们会更愿意将资金放在投资市场而不是银行。

■ 国内经济政策。

经济政策是影响一种投资产品最重要的因素之一，如国家加紧了对外汇的管控，外汇市场一定会出现波动；如果国家对农业进行扶持，那么农产品期货价格就会上涨。

■ 客观国际局势事件

世界经济紧密联系在一起，国际政策对投资产品价格会产生较大的影响，如美联储加息或降息，对世界证券市场都会带来冲击。

■ 经济周期

无论任何国家或是地区的经济，都会经历衰落—低迷—复苏—繁荣的过程，从长线投资来看，每一种理财产品的价格也会呈现同样的趋势。

3. 利用基本面分析价格——CPI 对铜期货的影响

在认识了基本面分析的基础内容之后，下面我们通过一个简单的操作案例，来看看 CPI 对铜期货的影响，投资者可从中总结出基本面分析的方法。

从 2014 年 8 月至 2015 年 6 月期间，国内 CPI 指数增幅经历了一次下跌到上涨的过程，具体如图 14-3 所示。

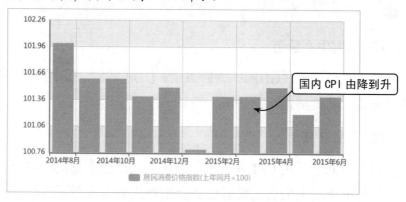

图 14-3　CPI 指数走势

在沪铜 1508 期货合约价格走势图中，同样的时间段同样经历了一次下跌到上涨的过程，具体如图 14-4 所示。

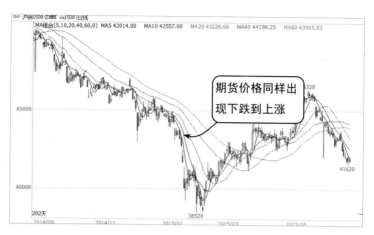

图 14-4 沪铜期货价格走势

02
价格的技术分析

除了前面介绍的基本面分析，还可以使用各种技术来分析价格的走势，如 K 线、趋势线、成交量等，下面详细进行介绍。

1. 学会看懂 K 线

上证指数形态如图 14-5 所示。

图 14-5 上证指数 K 线图

在一幅 K 线图中，一般有以下内容。

- **图形名称：** 显示在图形的左上角。

- **横坐标：** 时间坐标，不同的统计周期显示的单位时间是不同的。

- **纵坐标：** 价格坐标。

- **K 线：** 每个统计周期的价格情况，由柱体与影线组成。

- **均线：** 按照统计周期，将一段时间内总成交额除以成交量的数据相连接后得到的趋势线。

完整的一根 K 线往往是由实体和影线两部分组成，在实体上方的影线叫作上影线，在实体下方的影响叫作下影线，而实体有阴线和阳线的区分，各部分具体如下。

- **阴线：** 在一天的价格中，如果收盘价低于开盘价，则画出阴线，用一根实心的柱体表示

- **阳线：** 在一天的价格中，如果收盘价高于开盘价，则画出阳线，用一根空的柱体表示。

- **上影线：** 在 K 线图中，柱体上方的线就称为上影线，它表示一天之中价格向上运行的价位。

- **下影线：** 在 K 线图中，柱体下方的线就称为下影线，它表示一天之中价格向下运行的价位。

一根 K 线每一部分具体的含义，如图 14-6 所示。

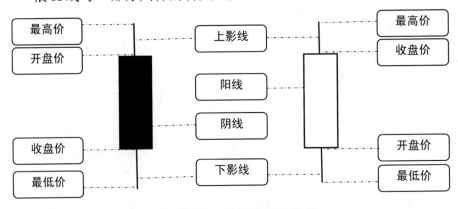

图 14-6　单根 K 线各价位的意义

2.　单根 K 线

K 线的影线与主体形成不同的组合时，就会有不同的意义，下面来认识一些单根 K 线。

■ 小阳星

小阳星是一种柱体很短的阳线，并包含上、下影线，如图 14-7 所示。

图 14-7　小阳星形态

小阳星表示全天的价格波动很小，开盘价与收盘价非常接近，但收盘价略高于开盘价。小阳星表示当前的行情处于混乱的局面，后市的涨跌一般较难预测。小阳星常常被看作是 K 线组合形成的标志。

■ 小阴星

小阴星和小阳星类似，但完全相反，是有一根柱体很短的阴线及上下影线组成，具体形态如图 14-8 所示。

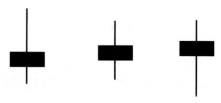

图 14-8　小阴星形态

小阴星表示收盘价略低于开盘价，整个趋势趋于疲软，但总体方向仍然是不明确的。

■ 上吊阳线

上吊阳线也可以叫作吊颈线，是一种柱体为阳线，长度很短，无上影线，下影线很长，且下影线长度必须超过实体的 K 线，具体的形态如图 14-9 所示。

图 14-9　上吊阳线形态

上吊阳线如果出现在价格的底部，并伴成交量的逐步上涨，则后市是看涨的，如果上吊阳线出现在价格的高位区域，且成交量在增加，这种形态则很有可能是虚假拉升，后市有下跌的迹象。

■ 光头阴线

光头阴线是指当日的开盘价是最高价，开盘之后价格一路下跌。虽然后面价格有所回升，但始终低于开盘价。

光头阴线的柱体为阴线，没有上影线，下影线相对较短。具体形态如图 14-10 所示。

图 14-10　光头阴线形态

当光头阴线出现在价格低位时，说明有抄底盘资金介入市场，此时虽然价格出现反弹，但力度不大，后市情况极不明朗。

当光头阴线出现在高位时，则是一种明显的见顶信号，在次日或未来几天价格一定出现下跌的概率是非常大的。

■ 光头光脚阴线

光头光脚阴线是 K 线的上下两头都没有影线的阴线，收盘价等于开盘价，这与光头光脚阳线相反。具体的形态如图 14-11 所示。

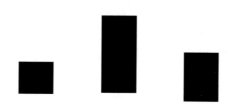

图 14-11　光头光脚阴线形态

在实际分析中，光头光脚阴线通常成为熊市继续或牛市反转的信号。

3.　看涨 K 线组合

K 线除了单根的之外，当几根 K 线组合后，其发出的涨跌信号会更明显，下面我们简单来认识一些看涨的 K 线组合。

■　上涨两颗星

所谓上涨两颗星组合，是由 3 根 K 线组成的组合，在价格走势 K 线图中是非常容易出现的。上涨两颗星的特点主要如下。

- 一般出现在上涨势头的初期、中期。一大二小的 K 线组合，先是一根实体很长的 K 线，后面跟着两根小阴线或小十字线或小阳线，位置在第一根 K 线的上方。

- 上涨两颗星是强烈的看涨信号，可继续做多。

上涨两颗星具体的形态如图 14-12 所示。

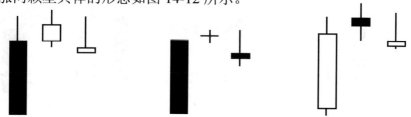

图 14-12　上涨两颗星 K 线组合

下面我们来看一个上涨两颗星的案例。

在英镑兑换纽元 2014 年 9 月的价格 K 线图中，9 月 8 日价格在到达低点之后开始反转上涨，在上涨的初期，9 月 17 日出现一个大阳线，之后出现两根向上的小阳线与小阴线，形成了上涨两颗星组合，后市价格继续上涨，如图 14-13 所示。

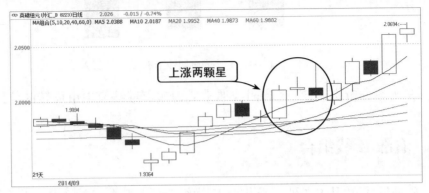

图 14-13　上涨两颗星预示后市上涨

■ 曙光初现

在看涨 K 线组合中，曙光初现是一种下跌后反转上涨的组合形态，一般具有如下的一些特征。

● 出现在一次较为强烈的下跌趋势中。

● 由两根 K 线组成，第一根 K 线为大阴线或中阴线，第二根 K 线为低开高走的大阳线或中阳线，阳线的实体深入到第一根阴线实体的 50% 以上。

曙光初现组合的具体形态，如图 14-14 所示。

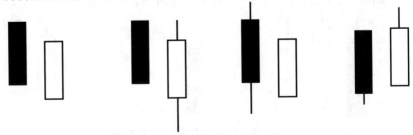

图 14-14　曙光初现组合

下面我们来看一个曙光初现的案例。

在白银 1501 期货合约 2013 年 10 月的价格 K 线图中，10 月 8 日开始下跌趋势，10 月 15 日出现了一根较长阴线，而在 16 日出现了一根超过 15 日阴线 50%的阳线，形成曙光初现组合，后市开始反转上涨。如图 14-15 所示。

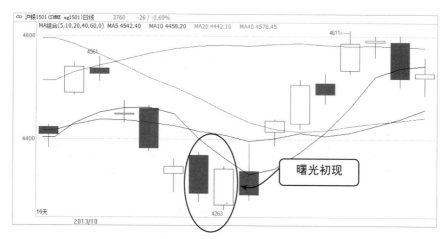

图 14-15　曙光初现预示反转上涨

4.　看跌 K 线组合

有看涨的 K 线组合就有看跌的 K 线组合，在价格分析中，把握了价格的下跌同样是减少损失并且获利的重要手段。下面我们来认识看跌的 K 线组合。

■ 乌云盖顶

在看跌的 K 线组合中，有一种非常常见且形态简单的组合，它和曙光初现组合是相反的形态，这就是乌云盖顶组合，它具有如下特征。

- 出现的位置是上升趋势顶部，也可能出现在水平调整区间末端。由两根 K 线组成，第一根为阳线，第二根为阴线。

- 第一天价格形成一根坚挺的阳线实体，第二天阴线的开盘价超过第一天的最高价，其柱体已经超过了第一根阳线实体的 1/2。

常见的乌云盖顶组合形态如图 14-16 所示。

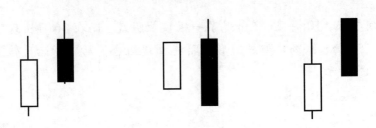

图 14-16　乌云盖顶组合

乌云盖顶组合的实战案例如下。

在锌 1410 期货合约 2014 年 2～3 月价格 K 线图中，期货价格在 2 月下旬至 3 月初一直处于上涨阶段，3 月 5 日出现一个较长的阳线，3 月 6 日出现一个阴线，两根 K 线形成了乌云盖顶组合，后市反转下跌。如图 14-17 所示。

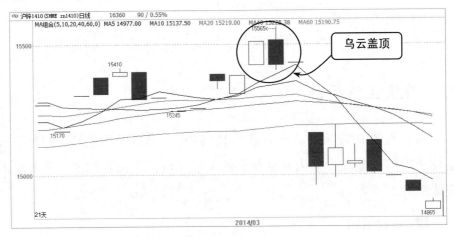

图 14-17　乌云盖顶组合预示后市反转下跌

■ **空方尖兵**

在 K 线组合中，空方尖兵组合和多方尖兵是完全相反的，它是非常准确的续跌信号，具体有如下的特征。

- 空方尖兵组合 K 线的数量不限。一般是刚开始卖方攻势强烈，出现一根较长的下影线的阴线，之后出现了反弹的迹象，但卖方随之发动新一轮攻势，价格下跌到第一根阴线的影线之下。

- 空方尖兵组合出现的位置一般是在下跌过程中，如果是在下跌初期出现则信号最为明显。

- 在出现第一根 K 线之后，调整的时间越短越好。另外，如果在中间出现了明显的跌势，则空方尖兵不成立。

空方尖兵组合的常见形态如图 14-18 所示。

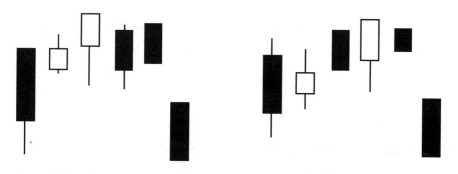

图 14-18　空方尖兵组合

下面来看看空方尖兵组合的案例。

在现货黄金 2013 年 10 月～2014 年 2 月的日 K 线图中，2013 年 10 月至 2014 年 1 月中旬出现下跌，但无法判断后市是否继续下跌时，11 月中旬出现了反弹，但最终以一根长阴线结尾，形成空方尖兵组合，后市继续下跌。如图 14-19 所示。

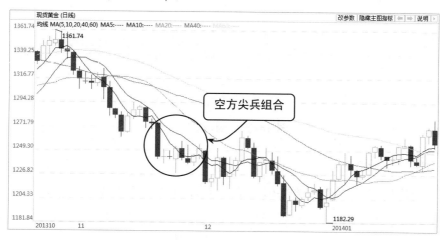

图 14-19　空方尖兵组合预示后市继续下跌

5. K 线的持续形态

几根 K 线会形成一定的组合，但除了形成组合之外，还会形成一定的趋势，我们将这些趋势分为整理形态与反转形态两种。

整理形态是指当形态结束后，期货价格继续按照形态原来的方向运动，包括三角形形态、楔形形态、矩形形态、旗形形态等。

■ 三角形形态

三角形形态是价格趋势在一个三角形中运行，当价格到达三角形的顶点时，表示这种形态的结束，根据三角形的种类，可将三角形形态分为对称三角形、上升三角形、下降三角形。

以对称三角形为例，对称三角形也叫等边三角形，其价格变动幅度逐渐缩小，也就是每次变动的最高价低于前次的水准，而最低价比前次最低价水准高，呈压缩图形。具体如图 14-20 所示。

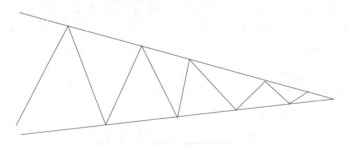

图 14-20　对称三角形

■ 楔形形态

当价格运行于两条趋势线之间，并逐渐向中间靠拢时，就形成了楔形形态，楔形的本质含义是趋势攻击能力渐次衰竭，趋势通道角度迅速变小，转折随即到来。

　　楔形形态分为上升楔形形态与下降楔形形态，上升楔形形态一般发生在一段较长时间的下跌趋势中，在形态中虽然价格在不断的上涨，但每一次上涨波动都比较弱，这说明多方的力量逐渐衰退，当市场出现强大空方力量时，就会立即反转下跌。

　　从技术的角度讲，上升楔形形态处在价格并未见底的情形。它只是一次形式上的反弹，当价格跌破楔形边缘时，则应该格外注意。

　　当价格在上涨一段时间后，开始出现涨势，而上涨的能量并不强，价格逐渐向高点和低点的中间靠拢，形成下降楔形。

　　以上升楔形为例，在图形上，上升楔形形态一般如图 14-21 所示。

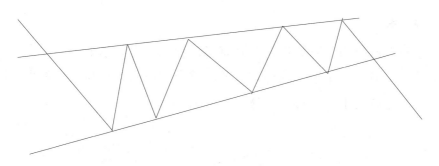

图 14-21　上升楔形

■ 矩形形态

　　矩形又称箱形，是一种典型的整理形态。当价格在两条水平直线之间上下波动，作横向延伸运动时，就形成了矩形形态。矩形形态的具休图形如图 14-22 所示。

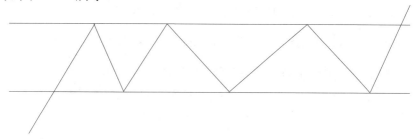

图 14-22　矩形形态

矩形在形成之初，多空双方全力投入，各不相让，但随后力量耗尽，市场会沿着原来的趋势继续运动。

■ **旗形形态**

旗形形态是 K 线图中较为常见的一种，它是在区域内两条平行线之间的形态，不同与矩形形态，旗形形态的两条平行线并不是水平方向，而是呈现一定的倾斜。

从形状的角度来说，旗形整理形态就像一面挂在旗杆上的旗帜，一般它会出现在急速而又大幅波动的市场中。当价格经过一连串快速的短期波动后，形成了一个稍微与原来趋势呈相反方向倾斜的长方形，这就是旗形走势。

旗形形态分为上升旗形与下降旗形，我们以上升旗形为例，当价格在上涨后形成了一个短期的调整区域，这个区域的高点与低点都平行倾斜向下，这就是上升旗形，具体如图 14-23 所示。

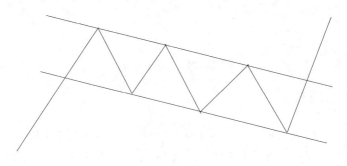

图 14-23　上升旗形形态

下面，我们以三角形形态为例，来看看整理形态的应用。

在棉花 1509 期货合约 2013 年 2～7 月的价格 K 线图中，2 月份价格一直处于上涨阶段，随后开始调整，形成了对称三角形整理形态，到了6 月中旬，价格突破三角形开始上涨，随后继续呈现上涨趋势，如图 14-24所示。

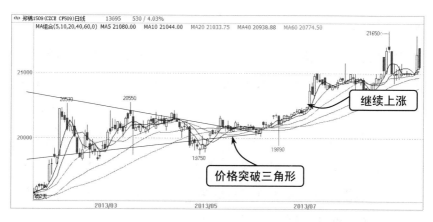

图 14-24　价格突破对称三角形继续上涨

6.　K 线的反转形态

有持续整理形态就有反转形态，反转形态预示着价格将改变原有的趋势，向相反的方向运行的图形。在 K 线图中，反转形态比整理形态要多，下面我们来认识一些常用的反转形态。

■　V 型反转

V 型反转指的是价格在快速下跌之后，又立刻上涨，在反转期间只留下一个低点，具体的形态如图 14-25 所示。

图 14-25　V 型反转

倒 V 型反转是和 V 型反转相反的反转形态，出现在价格顶部，一般呈现"^"形态，如图 14-26 所示。

图 14-26　倒 V 型反转

■ **圆弧底反转**

圆弧底就是指价格缓慢下跌再缓慢上涨，在底部有或短或长的横盘整理，形成了一个圆弧形的反转趋势。具体的形态如图 14-27 所示。

图 14-27　圆弧底形态

与圆弧底相反的就是圆弧顶反转形态，它是指价格在经过上涨之后，在顶部形成横盘整理之后出现下跌。

■ **W 形反转**

V 反转只有一个底或顶，而在实际分析中，还可能出现双重顶或双重底，形成"W"形态。

所谓 W 双重底，就是指价格在下降出现了一次低点后，走势开始回升，但之后再次回落出现又一次低点。具体如图 14-28 所示。

图 14-28　双重底形态

与双重底相反的就是双重顶形态，它一般出现在价格的顶部，是指价格在一段上涨之后出现回落，但之后再次冲高形成了两次高点。

■ **头肩顶反转**

头肩顶顾名思义就是像人的头部和肩部，有一个高点与两个副高点。具体指价格在上涨中出现先回落，然后升到最高点之后再次下跌，然后再次上升到一个高点，之后出现下跌趋势，具体如图 14-29 所示。

图 14-29　头肩顶形态

如果价格在下跌过程中出现回落，再次下跌后又反转上涨，总共出现了两次副低点一次低点，那么就形成了与头肩顶相反的反转形态——头肩底。

下面以 V 形反转为例来看一个具体应用。

在英镑兑换瑞士法郎 2013 年 5～10 月的价格 K 线图中，进入 5 月之后，汇率开始下跌，下跌的趋势比较缓慢，7 月 24 日突然加速向下，8 月 1 日到达低点，之后迅速上涨，涨幅剧烈，形成了 V 形底反转，此后价格继续上涨，如图 14-30 所示。

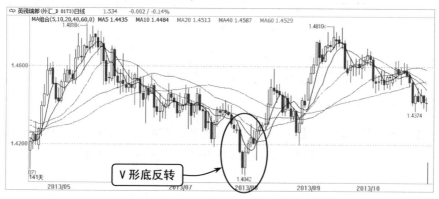

图 14-30　V 形底反转的应用

03
趋势线与技术指标

K 线图中不仅有阴阳线，还包括很多不同颜色的曲线及各类窗口显示的不同图形。这些内容，就是技术指标与趋势线，它们可以更好地帮助我们研判价格走势。

1.　移动平均线

移动平均线，原本的意思是价格移动平均，由于一般将其制作成线形，所以称之为移动平均线，简称均线。移动平均线对分析价格盘面有着非常重要的作用。

移动平均线有很多，分为 5 日、10 日、15 日、60 日等多种方式。如日线 MA5 就是指 5 个交易日内的收盘价之和除以 5。一般来说，移动平均线的具体特征如下。

- **短期移动平均线**：一般为 5 日、10 日移动平均线，短期移动平均线可作为短期买卖的依据。但短期移动平均线的信号一般是很难把握的。

- **中期移动平均线**：一般为 20 日、30 日、40 日、60 日移动平均线，相对来说，中期移动平均线使用率最高，特别是以 30 日为最佳。在使用中期移动平均线时，要注意时间长度的区分，如 20 日与 30 日移动平均线的差异并不太大，使用这两条线判断时会使结果出现偏离。

- **长期移动平均线**：一般为 120 日、150 日、200 日、250 日移动平均线，这是适合超长期投资使用的移动平均线。

2. 移动平均线的交叉

移动平均线的交叉分为黄金交叉与死亡交叉。

所谓黄金交叉，是指短期的移动平均线向上穿越中期或长期的移动平均线。当出现黄金交叉时，表示后市将发生涨势。黄金交叉的具体形态如图 14-31 所示。

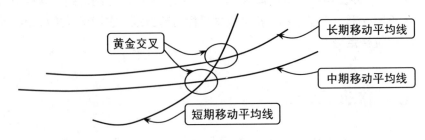

图 14-31　移动平均线的黄金交叉

死亡交叉是指在价格下降过程中，短期移动平均线由上而下穿过下降的长期移动平均线，是典型的做空卖出的信号。具体形态如图 14-32 所示。

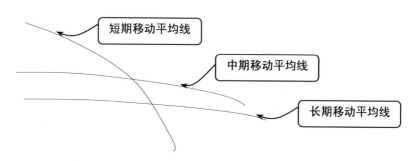

图 14-32　移动平均线的死亡交叉

3.　移动平均线的排列

除了不同的交叉形态之外，移动平均线优势还会形成规则的排列，这些排列组合同样是重要的买卖信号。

移动平均线的多头排，指价格在上涨行情中，由 3 根或 3 根以上的移动平均线组成，且最上面的一根为短期移动平均线，中间为中期平均线，下面为长期平均线的顺序排列，这种组合在一段时间内不会出现交叉。另外，多头排要求价格 K 线移动要在移动平均线的上方。

一般来说，多头排是比较准确的上涨做多信号，具体形态如图 14-33 所示。

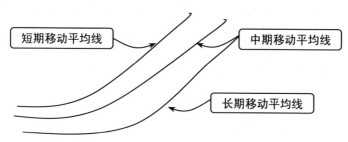

图 14-33　移动平均线多头排

与多头排相反的移动平均线组合是空头排，它是指在价格下跌的趋势中，由 3 根移动平均线组成，并且从上到下分别为长期、中期、短期移动平均线的组合。另外，价格 K 线需要在各条移动平均线的下方。

空头排是一种看跌信号，在形成的前期，是做空卖出的好时机，到了后期则不适合做任何操作。具体的形态如图 14-34 所示。

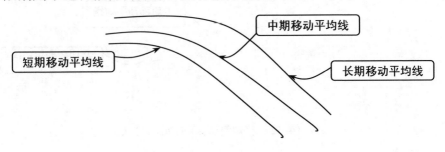

图 14-34　移动平均线空头排

4. 成交量指标

成交量，技术指标也是非常重要的。所谓成交量是指一个时间单位内对某项交易成交的数量。一般情况下，成交量是指成交金额的数量而不是手数。

成交量数量在不断地变化，而在变化过程中会产生许多特殊的形态，这些形态也是直接分析价格走势的因素之一。

■ 缩量

缩量是指市场中成交量极为清淡，大部分投资者对后市都不太看好，具体分为如下两种情况。

● **看淡后市**：只有人卖，少有人买。

● **看跌后市**：只有人买，少有人卖。

缩量一般是发生在下跌趋势的末期，此时应该紧急出局，等到缩量到达一定程度时再进行买卖操作。

■ 放量

放量一般发生在市场趋势发生转折的位置，多空双方对后市的看法不一，形成了巨大的成交量，但这些成交量可能是虚假的，有主力洗盘的嫌疑。

在出现放量时，短期内适合买卖，中长线操作则应该观察后市具体走势。

■ 堆量

堆量是由连续的成交量组成的形态，一般来说，如果主力连续拉升价格，成交量就会连续出现较高的情况。

5. 不同的量价关系

总体来说，价格改变成交量，成交量又影响价格，移动平均线一般可以和成交量进行组合分析。下面我们来看看不同的量价关系。

■ 量增价涨

量增价涨指成交量上涨的同时，价格也在持续上涨，具体的形态如图 14-35 所示。

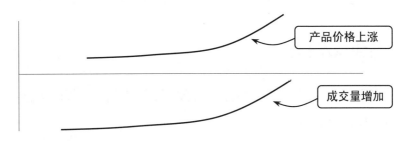

图 14-35　量增价涨的形态

■ 量增价跌

量增价跌，就是指价格出现下跌，而成交量逐步增加，具体形态如图 14-36 所示。

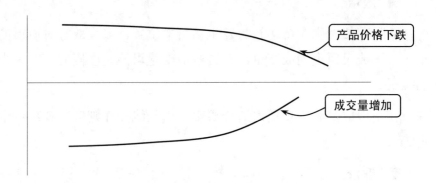

图 14-36　量增价跌形态

■ 量减价涨

成交量减少，而价格却在上涨，这说明主力控制盘口的程度较高。此时的操作分为两种情况，价格上涨过快，则后期可能将出现下跌，价格缓慢上涨，后市还会持续一点上涨。量减价涨的形态如图 14-37 所示。

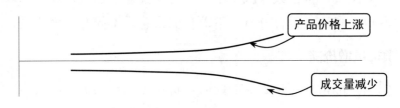

图 14-37　量减价涨的形态

6.　其他技术指标

除了成交量指标之外，我们还可以利用其他的一些技术指标进行分析，下面简单来认识一些。

■ KDJ 指标

随机指标 KDJ 是以最高价、最低价及收盘价为基本数据进行计算，得出的 K 值、D 值和 J 值，各个时间点的这 3 个值就形成了随机指标，具体形态如图 14-38 所示。

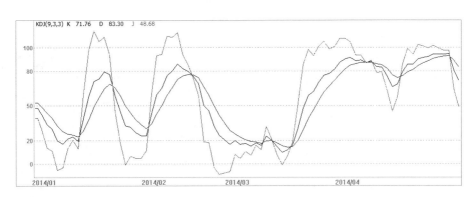

图 14-38　KDJ 指标

在 KDJ 指标中，3 个数据有不同的统计周期，如在上图中显示"KDJ（933）"，这就表示最高价统计周期为 9 日、最低价与收盘价为 3 日。在看盘软件中，这 3 个统计周期是可以修改的，但最好保证相同的比例。

要利用 KDJ 指标来分析价格，我们首先要认清 KDJ 指标 3 条线的意义及相关的取值，具体如下。

- **K 线为快速确认线**：当数值在 90 以上为超买，数值在 10 以下为超卖。

- **D 线为慢速主干线**：当数值在 80 以上为超买，数值在 20 以下为超卖。

- **J 线为方向敏感线**：当 J 值大于 90，特别是连续 5 天以上，价格至少会形成短期顶部，反之 J 值小于 10 时，特别是连续数天以上，股价至少会形成短期底部。

■ WR 指标

WR 指标又叫作威廉指标，也称威廉超买超卖指数，是一种分析超买超卖状态的技术指标，它会提供多空双方在当日的最高价与收盘价的关系分析，并以此来判断市场走势的信号。在 K 线图中，威廉指标的具体形态如图 14-39 所示。

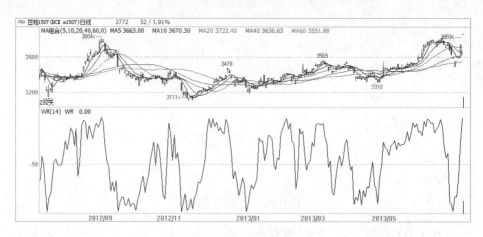

图 14-39　威廉指标

威廉指标对短线投资者的作用往往会比仓前投资者更大，主要是体现在它频繁的数值变化上。具体应用方法如下所示。

● 当威廉指标高于 80 时，表示进入超卖状态，预示行情即将见底，可买进。

● 当威廉指标低于 20 时，进入超买状态，预示行情即将见顶，可考虑卖出。

● 当威廉指标进入高位区域后，一般会出现回头，如果价格继续上升就产生了背离，是卖出信号。

● 在威廉指标进入低位区域后，一般会出现反弹，如果价格继续下降就产生了背离，是买入的信号。

● 威廉指标可用 K 线形态进行分析，如双重底、双重顶等。

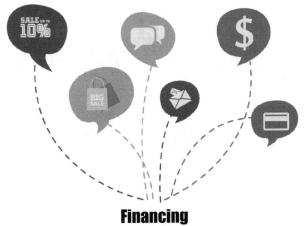

Financing

—— 一看就懂的理财产品全攻略（图解版）——

第 15 章

理财注意，
获取收益不忘防范风险

通过本书前面几章内容的了解，我们已经对市场上盛行的理财产品及其投资技巧有了充分的了解，然而理财有风险，入市需谨慎。在最后一章，我们就来认识一些在获得收益的同时防范风险的技巧。

01
科学管理自己拥有的财富

我们进行投资理财的第一步，就是对资金进行科学的管理，要看自己有哪些钱来理，从而找到最适合的理财计划，下面我们就来认识如何科学管理个人财富。

1. 理财要理哪些财

一个人的一生中会经历很多事情，在这个过程中，我们想要保住自己的财富，让财富实现增值，就需要进行理财，那么究竟有哪些财可以理呢？我们需要管理哪些财富呢。具体如图 15-1 所示。

固定资产	固定资产是指使用期限超过一个年度的房产、机器及其他固定资产等，对于个人或家庭而言，房产是最大的固定资产，其中自住房一般不能用于投资，二套房、商铺等都是投资工具。
固定收入	所谓固定收入，是指在一定期限内固定的收入，是未来可以预估的，如基本工资等。这部分收入并非投资而来，因此常常是投资理财的初始资金。同时，基本工资一般会越来越多。
不固定收入	不固定收入是指时间没有规律、金额大小没有确定的收入，如在个人收入中，奖金、社会福利都属于不固定收入，进行投资理财获得的收益也是不固定收入。
资产负债	除了已经拥有的资产之外，负债也必须算在财务统计之中，如每月需要偿还的银行贷款、信用卡还款、投资理财之前必须考虑这些项目的"支出"，在之前削减债务是必须要有的。

图 15-1　理财的内容

2. 年轻人如何不做月光族

现在的年轻人一般花得多赚得少，完全不考虑节约与积累，更别谈投资理财了，实际上年轻人也可进行理财，具体的案例如下。

小张今年 25 岁，大学毕业后在某大型企业工作两年。每月工资收入 6 000 元，目前有 5 万元一年期的定期存款，一套 60 平方米的房产（两年前刚毕业时父母赞助首付款购买），每月房贷支出 1 000 元。

每月用于吃饭、服饰、化妆品、护肤品和娱乐项目上的日常开销在 3 000～4 000 元，基本属于月光族。另外，除了单位购买的社保，暂无商业保险。

对于这样的情况，通过分析，小张属于中上等收入人群，并且有一定理财意识，投资偏稳健。日常消费较高，占每月可支配工资收入的 60%～80%，缺少合理规划，导致了储蓄较低。

具体的理财规划为：

积少成多。根据小张的实际情况，建议选择"定投"方式进行基金或黄金等中长期投资，以达到强制储蓄的目的，每月把 1 000～2 000 元进行定投，同时定投可分为高风险与低风险的组合。

选择保险产品，投入 5% 的资金，购买商业保险。

适当购买银行理财产品，由于一般年轻人工作繁忙，如果对股票类产品不是特别熟悉，可以暂时不用考虑入市。

3. 三口之家让日子过得更好

三口之家是中国人最常见的家庭方式，这样的家庭生活压力比较大，但收入也相对稳定，这样的情况该如何理财呢？

邓先生今年 38 岁，和妻子年薪加起来共 10 万元，其他收入 1 万元，每年基本生活开销 1.1 万元，子女教育费支出 0.6 万元，医疗费支出 0.2 万元，衣食住行、娱乐等其他开支 0.3 万元，每年结余 8.8 万元。家庭存款 20 万元，居住私产房，无贷款。

由于目前无贷款，所以目前的资产情况还是相当安全的。但从资产结构来看，比较单一，抗风险能力较弱；金融资产没有组合起来投资增值，比较保守，获利能力和风险分散能力较弱。

对于邓先生这样的情况，有如下的理财建议：

子女教育、置业金储备：按中等标准养育一个孩子大约要25万元。另外，子女结婚、置业，邓先生也需提供15万元左右的首付款，帮助他走上独立人生，总体需求40万元。所以邓先生在子女教育、置业金的储备上应有所加强。

保险需求分析：保险作为一种纯消费型风险保障工具，只要通过科学的保险计划，就能充分发挥资金的投资价值，又能为家人提供一份充足的保障。由于邓先生的工作性质，保险费支出不宜超过邓先生年收入的10%。

退休养老计划：邓先生的资金积累和收支情况基本上可以满足退休养老计划。可以再适当投入些保险保障资金，同时制订一个合理的休养计划、旅游度假计划等。

金融资产组合：邓先生有部分银行存款，考虑到证券市场不很明朗，邓先生又不具备金融投资经验，因此可选择无风险、无费用、收益高、存取方便的货币市场基金和银行委托理财等保本型产品为主要投资产品，期限以短期为主，资金以不超过存款的20%～30%为好。

4. 高收入人群如何理财

现在的年轻人，有的已经成家立业，有较高的收入，他们没有赡养父母的压力，没有子女教育的压力，完全不受财务的限制，这样的人理财，需要从积累性和改善性入手，具体案例如下。

小林今年28岁，月收入9 200元左右，年底奖金2万元左右，年收入13万元左右，保险齐全。妻子在企业工作，月收入5 000元左右，年底奖金2万元左右，年收入8万元左右，保险齐全，双方公积金一个月3 100元。

目前夫妻二人有一套住房，贷款68万元，月还款4 500元左右，期限为20年。有一辆代步车，20万元左右。每个月吃喝花费2 000元，汽油、停车位、保险、汽车保养费每个月2 640元。有7.5万元存款、2.5

万元的公积金账户。

根据上述的情况统计，夫妻年收入共计：(9 200+5 000+3 100×2)×12=244 800 元。

夫妻年支出共计：(4 500+2 000+2 640)×12=109 680 元。

夫妻年/月结余收入：153 400/12 783 元。

夫妻现有积蓄：75 000+25 000=100 000 元。

通过家庭收支数据我们看出，该家庭储蓄率为 62.7%，属于较高水平，且家庭收入贡献中，工资性收入占比 99%以上，为了使未来生活更加丰富多彩，他们应及时调整资产结构，增加理财收入。

在这样的情况下，夫妻二人可以考虑提前归还银行贷款。

假设 5 年后，房屋价格上涨到 1.2 万元/平方米，现有住房与将要置换的房屋等均价，在不增加月负担的情况下，小两口须准备 50×1.2=60 万元新增购房资金。10 年后，贷款本金剩余 42.3 万元。

根据夫妻当前情况，购房目标应选择一次性投资加定投的方式实现。经过测算，以夫妻 10 万元现金为投资本金，选择一份较为稳健的债券类投资组合预期年化收益率 6%左右，夫妻每月再定投该组合 6 600 元，则 5 年后可凑齐 60 万元用于购置新房。

10 年后还清贷款的目标通过定投的方式同样较容易实现。经过测算，按照现在等额本息的还款方式，10 年后贷款本金余额为 42.31 万元。由于 10 年时间较长，这对夫妻可适当选择一份股债结合的投资方案，预期收益设定在 8%，那么从现在起每月须存入该投资方案 2 317 元，即可在 10 年后凑齐资金提前还贷。

5.　家庭在不同阶段如何理财

一个家庭，从组成到离别，会经历长达几十年的时间，而在这个过程中，财富也是从累积到失去的过程，具体有如图 15-2 所示的几个关键阶段。

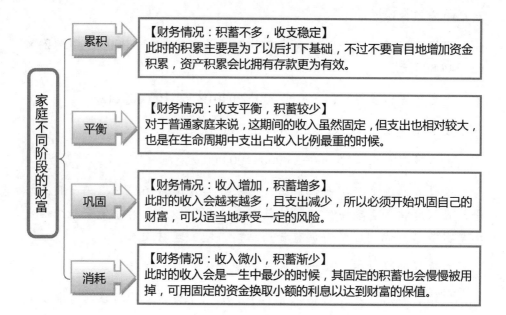

图 15-2　家庭不同阶段的财富

下面我们来看一个例子。

张女士今年正式退休了，衣食无忧，夫妻和睦，儿子孝顺，每当有人问张女士，为什么一个女人可以在自己工作的同时，还将家庭管理的这么好，张女士总是说，这都得益于家庭生命周期理论。

1977 年，张女士 20 岁，正赶上国家恢复高考，通过自己的履历，她顺利地考上了大学。3 年后大学毕业，张女士经人介绍，与现在的丈夫结了婚，组建了自己的家庭。这时，张女士的家庭开始了家庭生命周期中的第一个阶段。

那时候正赶上改革开放的大潮，张女士与丈夫抓住机遇，向信用社贷款，开起了纺织厂，由于时机好，加上张女士在大学期间学到的管理知识，纺织厂连年盈利，不仅还清了银行贷款，张女士夫妻还赚了不少的钱。

结婚后的第三年，张女士与丈夫有了一个儿子，张女士一家进入了家庭生命周期的第二个阶段，此时她认为应该调整一下自己家的财富管理了，于是改变了以前将所有的资金全部投放到工厂建设的现象，而是开始为家庭着想，慢慢开始积累存款。

转眼 20 多年过去了，张女士的纺织厂变成了当地著名的纺织企业，事业如日中天，自己的儿子也大学毕业，转眼就要成家立业了。此时，张女士家庭进入了家庭生命周期的第三个阶段，这么多年已经积累了不少的财富，张女士也开始萌生了退休的念头。

张女士对自己孩子的教育并非溺爱，而是让自己的儿子到自己的纺织企业一步一步的锻炼，这也是另一种财富传承的方式。又过了几年，张女士将企业的管理权全都交给了自己的儿子，她和丈夫顺利地退休了。

此时，张女士并没有太多的挂念了，她开始享受剩下的人生，并且已经为家庭生命周期的第四个阶段做足了准备。

02
理财时的风险管控

> 理财中的风险是时时刻刻存在的，不管是理财初期还是理财中，我们都需要进行风险的管控，才能保证理财的顺利进行，让我们精准获利，下面我们简单来认识一些风险管控的方法。

1. 完成个人风险能力测试——搜狐理财

在本书第 2 章中已经介绍过个人风险能力测试，下面介绍如何在搜狐理财进行个人风险能力测试。

Step01 进入搜狐理财频道（http://money.sohu.com/），会看到如下图所示的页面，投资者可在其学习理财及外汇投资策略。

Step02 在首页下方的"理财案例"栏中单击"更多"超链接，在新打开页面的"定制规划"栏中单击"更多"超链接。

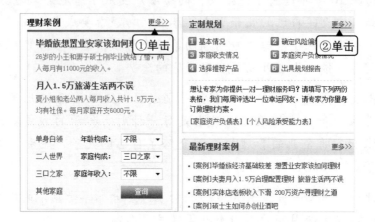

Step03 进入个人财务诊断第一步，在其中设置个人、家庭成员的基本信息及工作情况，单击"下一步"按钮。

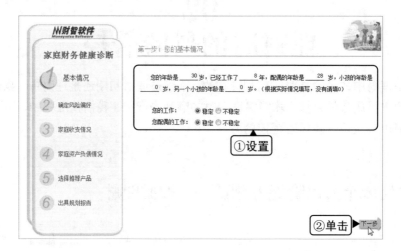

Step04 进入第二步页面，如果没有完成个人风险测试，则单击"进行风险测试"按钮（已经做过测试的可直接设置风险偏好类型）。

Chapter 15

—— 理财注意，获取收益不忘防范风险 ——

Step05 在新打开的窗口中通过选中单选按钮的形式完成7道风险测试题目，单击"确定"按钮。系统计算之后回到第二步页面中，并且已经自动设置好个人风险承受类型，单击"下一步"按钮。

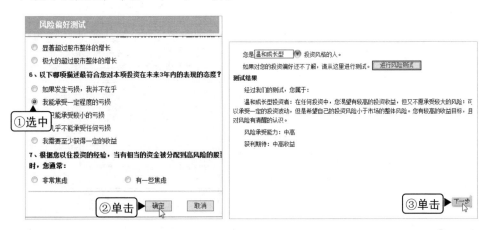

Step06 进入第三步页面，输入家庭的各项收入、支出数额，单击"下一步"按钮。

Step07 进入第四步页面，在该页面的表格中输入家庭资产数额及家庭负债数额，单击"下一步"按钮（其中，个人资产需要涵盖所有的资产情况，包括活期定期存款、各类理财产品、股票、债券房产、汽车和其他资产。个人负债情况包括房产贷款、汽车贷款、信用卡、借债等内容）。

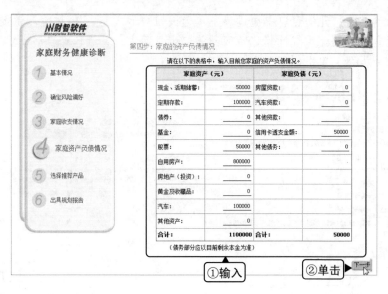

Step08 进入第五步页面，系统已经完成了财务诊断，勾选想要进行分析项目的复选框，单击"下一步"按钮。

Step09 在新打开的页面中会给出诊断结果，包括对家庭收支情况、资产负债情况等内容的统计。

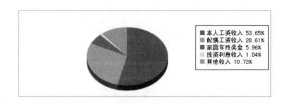

Step10 对投资计划制定最重要的是该页面下方的适合投资产品的建议，系统根据个人风险承受能力及家庭收支给出了投资比例建议。

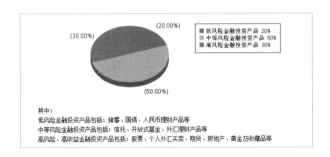

2. 制定理财计划书

理财计划书是指导我们投资理财的工具，它可以有效地防范风险的出现，在制定理财计划书时，有如下需要注意的地方。

● 在个人理财计划书中，首先要有用户的基本信息，基本信息包括投资者的投资险承受能力、投资总金额、资金使用情况等内容，详细的还可以包括未来收入、负债等。

● 投资什么产品是理财的关键，在投资计划中需要详细计划理财产品、具体合约等，详细的理财计划还有对该产品近期的分析，如买入价、最高价、最低价等。

● 详细设置计划的投资收益和能够承受的投资损失，也就是我们常说的止损点与止盈点，是我们实际获利及应对风险的重要方法，也是理财计划书中的关键。

● 理财计划书中还应该有详细的计划，具体的投资计划是指在投资过程的相关操作，如进场/出场时机、追加投资金额、不同的产品组合等。

3. 巧妙规避理财风险

本书的前面，我们介绍了很多理财的方式与工具。在最后，我们综合总结一些理财的风险规避技巧，如图 15-3 所示。

1 高收益的产品一般预示着也存在高风险，我们在进行理财时，切勿被"高风险"的产品所诱惑。

2 理财最重要的就是选择产品，不要选择不适合自己的风险投资类型产品，也不要选择自己不熟悉的产品。

3 理财计划在制定之后，要严格执行，不要因为后市可能出现的某些情况就改变原有的计划。

4 低风险稳定收益组合，如储蓄+保险+债券，这种组合的特点就是稳定，适合年龄在 25 岁以下，年结余在 5 万元以下的投资者。

5 积极增长型组合，如储蓄+保险+股票+房产，这样的组合算是风险适中的投资组合，适合年龄在 26~45 岁，年收入在 8 万~20 万元的投资者。

6 收入型组合，如储蓄+保险+债券+股票，这种收入组合的形式，适合投资金额较大，年龄在 45 岁之上的投资者。

7 高风险收入增长型组合，如储蓄+保险+股票+期货，适合年收入较高，年龄在 26~30 岁的专业投资者或者 45 岁左右的高资产净值投资者。

8 可变的综合型组合，如储蓄+保险+债券+货币基金，这种组合主要是从时间上进行考虑的，不同年龄阶段都可以变通使用。

图 15-3　风险防范与产品组合